本书是作者在中国人民大学公共管理学院做博士后期间的研究报告的基础上修改完善而成的,同时专著的出版还得到了河北农业大学商学院学科建设经费的资助,在此深表感谢!

政府会计主体的权责界定问题研究
——基于财政体制改革视角

张存彦　著

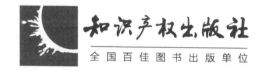

知识产权出版社

全国百佳图书出版单位

图书在版编目（CIP）数据

政府会计主体的权责界定问题研究：基于财政体制改革视角 / 张存彦著. — 北京：知识产权出版社,2018.12

ISBN 978-7-5130-5739-4

Ⅰ.①政… Ⅱ.①张… Ⅲ.①预算会计－研究－中国 Ⅳ.①F812.3

中国版本图书馆CIP数据核字（2018）第183250号

内容提要

本书共包含九章,分为四大部分。按照"导论—理论基础—美国政府会计改革的路径—我国政府主体权责问题溯源、现状与问题、原因分析和改革思路"的研究路径展开。本书研究努力为我国政府会计改革的理论与实践提供具有较高参考价值的学术成果。

责任编辑：于晓菲   责任印制：孙婷婷

政府会计主体的权责界定问题研究——基于财政体制改革视角

ZHENGFU KUAIJI ZHUTI DE QUANZE JIEDING WENTI YANJIU——JIYU CAIZHENG TIZHI GAIGE SHIJIAO

张存彦 著

出版发行	知识产权出版社有限责任公司	网　　址	http://www.ipph.cn
电　话	010－82004826		http://www.laichushu.com
社　址	北京市海淀区气象路50号院	邮　编	100081
责编电话	010－82000860转8363	责编邮箱	yuxiaofei@cnipr.com
发行电话	010－82000860转8101	发行传真	010－82000893
印　刷	北京中献拓方科技发展有限公司	经　销	各大网上书店、新华书店及相关专业书店
开　本	720mm×960mm　1/16	印　张	14.5
版　次	2018年12月第1版	印　次	2018年12月第1次印刷
字　数	264千字	定　价	68.00元

ISBN 978-7-5130-5739-4

前　　言

　　政府会计的基本职能在于提供政府经济活动的全面信息,从各国政府会计的发展历史看,它的改革往往是在财政风险或财政危机推动下形成的。目前我国的政府性债务已引起国内外广泛的关注和担忧,财政部不断出台各种控制和化解地方政府性债务风险的规定与措施,其中政府财务会计和政府综合财务报告的改革作为今后地方债务信用评级的重要信息来源是基础性的一环。同时,党的十九大报告中明确提出要"加快建立现代财政制度,建立权责清晰、财力协调、区域均衡的中央和地方财政关系"。从发达国家的现代财政制度看,以权责发生制为基础的政府财务会计是其重要构成部分,我国未来的现代财政制度,也应建立在以权责发生制为基础的政府财务会计体系之上。

　　建立以权责发生制为基础的政府会计体系,所面临的根本性问题是什么? 是有着明确的权利与责任边界的政府会计主体。然而,从我国当前的财政管理体制来看,各级地方政府、政府各单位还不能算是经济与法律上独立的主体,而这是作为权责发生制会计主体的基本前提。如何界定各级政府的权利与责任以确立政府会计主体,实践对理论研究提出了迫切要求。然而梳理当前政府会计研究的各类成果,作者发现对于政府会计主体的研究多从技术层面出发,理论研究似乎尚未引起足够的重视,这是本书对此问题进行研究的依据所在。

　　本书分为四大部分共九章。第一部分(第一章)是导论,从分析政府会计改革的动力入手,提出我国政府会计改革面临的最重要问题是制度而非技术,改革现有制度以界定政府会计主体的独立身份及其权责才是首要问题。笔者梳理当前政府会计的研究成果,指出专业领域至今尚未对此问题引起足够重视,由此确定本书研究的出发点。

第二部分(第二章)是本书的理论基础。首先对会计主体概念、权责概念及二者的关系做了阐述,指出二者如一个事物的形式和内容一样不可分割。接着从会计主体理念在市场经济中萌芽、产生、形成、发展的过程进行了梳理,从这一过程可以深刻地体会到,会计主体是立足于主体在经济和法律两方面的独立而存在的。

第三部分包括第三章和第四章共两章,介绍了美国政府会计改革的历程,美国的政府会计主体理论,财政分权理论和美国政府主体间权责的分配,以及地方政府债务的终极解决——破产法的实施,以求从中借鉴在财政分权体制下地方政府会计主体权责界定的经验。

第四部分包括第五章至第九章,其内容包括对我国财政体制下政府主体权责问题的溯源、现状与问题、原因分析和改革思路的部分。

当前的政府间权责的混乱有其历史原因。第五章、第六章和第七章分析了我国财政体制改革的几十年探索:在计划经济体制下,个人、企业、政府均失去了经济主体身份,而在改革开放后,各种主体有了一个逐渐回归的过程。然而,政府主体的回归之路异常曲折。由于经济分权和官员业绩考核片面地强调经济增长指标,地方政府的财政收入多以预算外自由控制的土地出让金为主,无控制地举债,目前地方政府主体更像是逐利的经济主体,而非提供公共服务的公共主体。第八章分析了预算会计改革的滞后及其局限性。

针对当前政府间权责的混乱问题,第九章指出这是由于分税制改革只打破了政府间的"利益大锅饭",却没有打破"风险大锅饭",于是在权责分配不明晰的情况下,地方政府的财政风险不断被推高并向中央政府积聚。如果不确定各政府单位的主体身份,清晰界定其权责,分散财政风险,恐怕会演变为财政危机。

　　笔者认为,确定政府会计主体身份,界定其权责是第一位的。在宏观上,应建立"一级政权,一级事权,一级财权,一级税基,一级预算",给予地方政府恰当自主权的制度框架;在微观上,应使每一个机构、每一级政府、每一个部门和单位都有明晰的风险责任,形成一种具有法律效力的风险分担机制。

preface

The reform of governmental accounting, whose basic function is to provide comprehensive information on the government's economic activities, is always pushed forward by financial risks or financial crisis. At present, China's government debt has caused widespread concern and worries both domestically and abroad. Therefore, Ministry of Finance of the People's Republic of China has continuously issued various regulations and measures to control and resolve the risks of local governments' debt, among which one important and fundamental measure is to make the reform of governmental accounting and governmental consolidated financial statements as an important information resource of the credit rating of local debt. Meanwhile, the Third Plenary Session of the 19th Central Committee has proposed to establish modern financial system, and governmental financial accounting based on accrual-basis principle is an important element of the system. It is obvious that the reform of governmental financial accounting is imminent. Then what's the most important problem to be resolved in the reform? The writer thinks it is to establish the governmental accounting entity. Reviewing the current financial system of China, the local government and its divisions cannot be considered as economically and legally independent entity which is the basic premise of being an accounting entity. How to define the rights and liabilities so as to establish the governmental accounting entity? The practice proposes urgent demand for theoretical study. Reviewing the existing various researches on governmental accounting entity, the writer found that those research lies only in a technical level. Professional academics have not yet been aware of the importance of this issue or fail to realize that this issue needs more research. That's the basis of the research of this paper.

The paper consists of four parts and nine chapters in total. The first part (Chapter 1) is introduction. In this part, the writer analyzes the motivation of the reform of governmental accounting, points that the most important problem ahead of the reform is about the system rather than technology, and proposes that the primary issue to resolve in the reform is to establish the independent status and rights and liabilities of the governmental accounting entity in the system. This chapter summarizes the existing research results, points out that the professional field has not paid enough attention to this issue, and determines the starting point of the study of this paper.

The second part (Chapter 2) is the theory foundation of this paper. At first, it explains the definition of accounting entity, accrual-basis, as well as their relations, and points out that the two concepts cannot be separated just like the form and content of a thing. Then it summarizes the development process of the accounting entity concept including its germination, generation, formation and development with the market economy. From the process, it can be found that accounting entity exists on basis of independence in economy and in legal level. If the governmental department of China can not be independent economically and legally, it is impossible to be qualified accounting entity and its accounting information is still incomplete, which in turn will compromise the value of decision.

The third part, consisting of Chapter 3 and Chapter 4, introduces the reform process of American governmental accounting, theory of American governmental accounting entity, fiscal decentralization theory and assigned rights and liabilities among American government body, as well as the ultimate resolution of local government debt, i.e. the implementation of Bankruptcy Lam, so as to learn its experiences in defining the rights and liabilities of the local governmental accounting entity under the fiscal decentralization system.

The fourth part includes Chapter 5 to Chapter 9, tracing to the source of the problem about the rights and liabilities of the governmental entity under the fiscal system of China, analyzing the status quo and problems as well as the causes, and attempting to seek reform thinking.

There are historical reasons for the chaos about the current rights and liabilities of governmental departments. Chapter 5 to Chapter 7 analyzes the reform process of the fiscal system of China during the past several decades. Under the planned economic system, individuals, enterprises, and governments lost their identity of economic entity, and have gradually got back the identity after the reform and opening-up policy. However, there is a lot of turns and twists in the way of the return of the governmental entity. Due to the decentralization of economic authority and one-sided emphasis on economic growth in the performance evaluation of government officers, the fiscal revenue of local government mainly comes from extra-budgetary land-transferring fees of free control which results in the uncontrolled debt financing. At present, the local government is more like an economic entity which pursuing business profit, rather than a public body to provide public service. Chapter 8 makes an analysis of the lagged reform of budget accounting as well as its boundedness.

Chapter 9 points out that the current chaos of government's rights and liabilities results from the emerging economic characteristics of local government whose characteristics of a public body have been seriously weakened. The past reform has only broken the 'big pot' of interests sharing but hasn't broken that of risk sharing. As a result, when the allocation of rights and liabilities is not clear, the financial risks of local government is continuously pushed up and accumulated and transferred to the central government. Without reform of government accounting, the fiscal risks may develop into fiscal crisis.

This paper places it as the priority to establish the accounting entity identity of the government and to define its rights and liabilities. At the macro level, an institutional framework of 'level regime, level powers, level rights of property, level tax base, and level budget' should be established, giving proper autonomous right to the local government; at the micro level, it should be made clear that each organization, government of each level, each department and unit, has its transparent and distinct risk responsibility, so as to form an risk sharing mechanism with legal force.

目　　录

第一章 导 论

第一节 政府会计改革的动力

1.1.1 西方国家政府会计改革的动力

自 20 世纪 70 年代开始,西方发达国家遭遇到第二次世界大战后最严重的经济危机和财政危机,从而推动了新公共管理运动的兴起。新公共管理运动引起一系列深刻的政府管理理念的变革,如对国有企业进行私有化以限制政府对市场的干预,对地方政府下放权责以清晰界定中央和地方政府的职能范围,在政府管理中引入企业竞争机制以提高政府效率,等等。政府会计的权责发生制改革是其中重要的改革内容之一。当时,美国一些大城市的财政出现严重危机,而政府却无法提供清晰的揭示问题严重程度的财务报告。于是,一些民间会计师事务所、政府官员和学者引领起一次要求政府向社会提供反映全面财务状况的、按照权责发生制基础编制的资产负债表的政府会计改革运动,在美国被称作"第三次政府会计改革浪潮"。

20 世纪 80 年代,这种改进政府会计的浪潮从美国蔓延至加拿大、澳大利亚和新西兰,在 20 世纪 90 年代蔓延至英国。在这些国家的改革理念影响下,世界银行、国际货币基金组织、联合国开发计划署等国际组织开始向发展中国家和东欧市场经济转轨国家推荐英美的权责发生制政府会计模式,使政府会计改革成为新公共管理运动中一股席卷世界的潮流。

1.1.2　我国政府会计改革的时机与动力分析

1.1.1.1　政府会计改革的时机分析

随着我国1992年市场经济体制改革地位的确立及随后实施的一系列改革措施,如国有经济规模与布局的调整、现代企业制度的建立、税制改革及中央与地方政府的分税制财政体制改革等,财政部也进行了诸如进行部门预算、收支两条线、国库集中收付制度和政府采购制度等为主要内容的预算管理体制配套改革,建立了包括总预算会计、行政单位会计、事业单位会计"三位一体"的预算会计体系,完成了由计划经济体制下简单地反映财政资金来源及使用的预算会计向市场经济体制下的预算会计体系转化。这些变革都具有非常重大的意义,为政府会计适应市场经济的下一步发展奠定了基础。当前在市场经济改革进入深水区,需要更为系统和深刻的变革时期,财政体制包括政府会计正面临着新的挑战与机遇。

国外的政府会计权责发生制变革,是由对政府预算资金的反映扩展到对政府所有经济活动及其后果的全面反映,是由预算会计向政府财务会计的转变,其牵涉范围的广度和影响深度远远超过我国预算会计改革。20世纪末,我国政府财政部门开始关注、引介国外政府会计权责发生制改革的相关成果,推动学者们结合我国政府会计的现实问题进行研究。由于以权责发生制为基础的政府财务报告制度已经成为国际公认的公共财政管理发展方向,我国财政部于2010年年底启动了权责发生制政府综合财务报告试编工作,但因没有日常的核算数据,因此只是将一部分预算会计的结果调整出年末余额,由于数据不全面,所以很难反映政府真实的财务状况,起到的是一种尝试和试验作用。由此看来,我国的政府权责发生制改革尚处于观察、研究和尝试阶段,难说真正开启。

从20世纪末至今,世界发生了三次波及面很广的经济危机,即亚洲金融危机、欧洲主权债务危机和美国次贷危机,它们的发生都与政府债务有直接或间接的关系,最终都可能会演化为财政危机。而经济的全球化日益将一个国家或地区与世界经济越来越紧密地连接在一起,某个国家或地区出现的财政危机,已经成为一个世界性的课题。因此世界各国都开始关注财政风险问题,有些国家已经迈出了实质性的步伐,如美国、新西兰、加拿大、南非、巴西、哥伦比亚等国家都力图在一定的法律框架下防范财政风险的累积和爆发。一些国际组织,如世界银行、国际货币基金组织、欧盟,近年来都加强了对财政风险的研究,并明确提出在政府财务报告中披露财政风险的要求。

自从1994年我国进行分税制改革以来,由于一些地方政府难以筹措到足够的财政资金,很多地方政府尤其是县乡级政府财政困难所导致的债务数额就在逐年上升。因此,我国对各级政府财政风险的认识也在深化,并逐渐引起了各方面的关注。在2000年,朱镕基同志在《政府工作报告》中就已明确提出"要认真警惕和防范财政风险"。立法机关对财政风险问题也提出了明确要求,第九届全国人民代表大会第五次会议在关于2001年决算与2002年中央和地方预算的决议中提出了"注意防范财政风险"。党的十八大报告更是明确指出,要"建立现代财政制度。建立权责发生制的政府综合财务报告制度,建立规范合理的中央和地方政府债务管理及风险预警机制"。这表明为了预警和防范财政风险,编制政府财务报告已经被作为现代财政制度整体改革的组成部分纳入统筹的范围。然而我国财政风险发展速度之迅猛远快于人们对它的认识与研究,无论是从理论还是从实践方面均已提出越来越紧迫的应对要求。

1.1.1.2　政府会计改革的动力分析

自2008年席卷全球的金融危机给中国带来巨大的冲击以后,我国政府启动了刺激经济的方案,中央通过发行国债扩大赤字共投入1.18万亿元,带动地方政府和社会投资期望达到总额为4万亿元的扩大内需计划。计划开始后,地方政府纷纷上马了大量的建设项目,其实际投资总额远远超出了中央政府的投资计划。但是地方政府本身财力有限,按照原来的《中华人民共和国预算法》又不能公开发行债券向社会融资,依靠自身是无法支持如此大规模投资的。于是出现了大量由地方政府支持的融资平台为政府筹措和使用信贷资金提供便利,在此前提下,我国政府性债务出现了难以预期的大规模扩张。

关于当前地方政府性债务结构与规模,有不少学术研究机构、世界经济组织及政府有关部门做了多种估计测算,不过其测算结果相互之间差异很大,其中最为权威的数据来自审计署从2013年8月至9月进行的一次全面彻底的审计。据审计署在2013年12月30日发布的《全国政府性债务审计结果》公告如表1-1所示,截至2013年6月底,全国各级政府负有偿还责任的债务206 988.65亿元,负有担保责任的债务29 256.49亿元,可能承担一定救助责任的债务66 504.56亿元;其中,地方政府负有偿还责任的债务108 859.17亿元,负有担保责任的债务26 655.77亿元,可能承担一定救助责任的债务43 393.72亿元。

表1-1 截至2013年6月底我国政府性债务　　　单位:亿元

政府性债务	偿还责任	担保责任	救助责任	合计
全国政府性债务	206 988.65	29 256.49	66 504.56	302 749.70
地方政府性债务	108 859.17	26 655.77	43 393.72	178 908.66

*数据来源:审计署于2013年12月30日发布的《全国政府性债务审计结果》公告。

2013年我国的国内生产总值为568 845亿元,全国财政收入为129 142.9亿元,其中地方政府财务收入68 969亿元。全国各级政府负有偿还责任的债务已达到国内生产总值的 36.39%,其中地方政府负有偿还责任的债务已达到国内生产总值的 19.14%;全国各级政府的债务是 2013 年全国财政收入的 1.60 倍,而地方政府负有偿还责任的债务也达到 2013 年地方政府财政收入的 1.58 倍。虽然政府各部门认为,目前地方政府性债务整体是可控的,但目前的政府性债务不仅引起国内各界越来越多的关注,而且引起了国际经济组织普遍的担忧。国际货币基金组织、世界银行等组织都曾专门对此问题进行独立调查、估算并给出了相应的建议。近几年的达沃斯世界经济论坛上我国总理的发言也都会对地方政府性债务的规模及可控性问题进行单独说明。

在各种关于地方政府性债务的信息来源中,无论是学术机构还是审计署公布的结果均来自综合测算和估计,政府预算会计作为一种对财政活动进行记录、加工、处理并最终输出综合财政信息以资决策的信息系统,未能提供各级政府债务的全面信息,因此人民在关注地方政府性债务的同时看到了政府会计的滞后。政府会计作为提供政府经济活动运行及其结果信息的财政制度的基础性建构,其对财政制度的完整性、重要性不言而喻。然而到目前为止,我国政府会计系统还主要以预算资金的流动作为反映对象,以收付实现制为基础,尚无法提供关于政府性资产、债务、成本费用等的全面信息。在财政风险日益引起各方关注与忧虑的情况下,控制和防范地方政府性债务无限膨胀就成为财政制度改革的当务之急,提供基础信息的政府会计改革不仅是财政制度改革的题中应有之义,而且是一项不可或缺的重要安排。

第二节 研究问题的提出

1.2.1 政府会计改革是重在技术还是重在制度

1.2.1.1 为何会计技术不可直接"拿来"

2014年下半年,化解地方政府性债务风险的工作迅速展开。

(1)8月31日,十二届全国人大常委会通过的《中华人民共和国预算法》修订案,允许省级地方政府以发行政府债券的方式举债,为地方政府债务进入市场的公开渠道打开法律之门。

(2)9月21日,国务院发布《关于加强地方政府性债务管理的意见》(国发43号文),提出要剥离各地融资平台的政府融资职能,新增政府债务不得通过企业举借。要建立"借、用、还"相统一的地方政府性债务管理机制,以有效发挥地方政府规范举债的积极作用,防范化解财政金融风险。

(3)10月23日,财政部出台《地方政府存量债务纳入预算管理清理甄别办法》,要求各地做好清理、甄别地方政府存量债务,为地方政府将存量债务纳入预算管理做准备,并要求各地于2015年1月5日前向财政部上报截止到2014年12月31日的存量债务清理甄别结果。在这一系列化解地方政府性债务风险的举措紧锣密鼓地出台的当口,政府会计改革已如箭在弦上不得不发了。

(4)12月12日,财政部发布了《权责发生制政府综合财务报告制度改革方案》,制定了一个在此后五年内"全面开展政府财务报告编制工作"的方案。这一方案,因为是在政府债务风险压力极其紧迫的情况下形成的,所以是一个没有任何拖延余地的"救火式"方案。

放眼国内外现有的政府会计改革成果,一方面从国外政府会计研究和实践的情况来看,有国际公共部门准则委员会公布的一系列供各国采用的公共部门会计准则,更有美、英、加、澳、新等国已在权责发生制政府会计改革的道路上走了至少二三十年的准则规范可供借鉴;另一方面从国内的研究与实践情况来看,财政部门推动及参与的国内学术界研究也已经有十几年的历史,在政府会计理论的各个方面均有所涉及,取得了虽不算丰硕但也为数不菲的成果,如各类著作、研究报告和文章,还有几年来在各地方政府编制综合财务报告试点的经验。

值得我们深入思考的是,如果政府会计作为提供决策信息的系统仅仅是一种技术性的安排,为什么不可以直接采取"拿来主义",将现有的国际公共部门会计准则或其他走在政府会计改革前列的国家的政府会计准则规范稍加修改为我所用?却需要在国内研究、引介和试点若干年后,在真正着手改革之前还要再用最短五年的时间来继续研究、摸索、尝试,才逐步进入实施阶段?究竟是什么因素阻止我们无法像工农业引进国外先进技术一样将政府会计准则移植到国内来?我们需要逐步探索尝试的是政府会计哪些方面的要素?

1.2.1.2 政府会计改革重在制度环境的建立

据作者看来,虽然政府会计具有技术性特征,但实施政府会计的难点并不在技术方面,尤其是在企业财务会计学科已经有成熟的确认、计量、记录和披露等方面的具体操作规范,以及国际公共部门准则、其他国家的政府会计准则可资借鉴的前提下,技术上的困难并非目前政府会计改革的关键。与自然科学不同,从本质上讲,会计是一门社会科学,作为一种用数字对社会进行精细管理的方式,虽然有某些技术上的通用性,但不同的社会、经济和政治环境与文化、风俗、习惯等多种因素决定了会计在各国技术应用上的差异与其在各民族或国家中的不同特色。以美国为例,联邦政府和地方政府分别发展出了一套政府会计准则体系,便是其国内独特的政治经济环境作用下的产物。而且,会计自产生以来就与其制度环境之间有着复杂的交互关系。

一方面,会计实践与理论从产生时起,就是为了适应社会生产的发展和经济管理的需要,并且随着社会经济的不断发展,会计技术与方法也处在不断调整和变化的进程中。但是这一进程并非一帆风顺,在社会环境对会计的影响下,一些因素的出现会对会计提出新的要求,客观上促进会计的发展,另一些因素又会制约会计的进步。会计的发展状况就是这种矛盾的统一体,只有当社会环境各因素相互协调时,会计才会与社会环境同步并得到稳步发展。

另一方面,会计的发展又需要社会环境提供必要的条件,如果必要的社会条件还未具备,那么会计就很难对经济发挥应有的作用。认识到会计与社会制度环境之间的关系有着深刻的现实意义,尤其是在进行会计改革的关头,如何认识到会计改革尚需准备的制度条件,如何在会计改革前为其准备好这些制度条件,以顺应会计发展的需要,才是保证改革成功的关键。

就像20世纪90年代初资本市场初创时期,需要建立一套企业财务会计规范体系以规范会计信息的对外披露,而我国的企业尚在政府的直接控制之下,根本不是独立的市场经济主体,无法独立地承担法律责任,因此也无法直接照搬国外的会计准则体系。随着市场经济体制的确立,《中华人民共和国公司法》《中华人民共和国破产法》等一系列法律法规的出台,我国的现代企业制度逐步建立,产权逐步明晰,现代公司治理结构逐步健全。在这一系列制度建构过程中,企业逐渐成为真正自负盈亏、自担风险的市场经济主体,我国才在借鉴国外会计准则的基础上建立起自己的企业会计准则体系,并在2006年做出大范围修订后与国际会计准则趋同,并在之后的几年中渐次接轨。

1.2.2 关注政府会计主体的权责界定

1.2.2.1 树立地方政府单位的会计主体身份

2014年9月21日,国务院办公厅下发《国务院关于加强地方政府性债务管理的意见》,明确了政府债务管理改革的意向。

(1)对地方政府债务修明渠、堵暗道,赋予地方政府依法适度举债融资权限,加快建立规范的地方政府举债融资机制。同时,坚决制止地方政府违法违规举债。

(2)分清责任。明确政府和企业的责任,政府债务不得通过企业举借,企业债务不得推给政府偿还,切实做到谁借谁还、风险自担,地方政府举借债务要遵循市场化原则。建立地方政府信用评级制度,逐步完善地方政府债券市场。

显然在当前债务风险已高,需要对政府债务进行显性化、规范化和市场化管理,并且今后将持续从资本市场上融通债务资金的情况下,政府对外披露财务信息是必备的制度安排,因此政府会计改革的方向是在预算会计之外建立政府财务会计。

财务会计是从传统会计中分离出来的,建立在受托责任基础之上的,以对外披露财务信息、解除受托责任为主要目标的会计学分支,它所核算的对象是能够在市场经济中以其独立的资产对债务承担法律责任的经济主体。由此推论,建立政府财务会计首先需要确立起政府单位作为市场经济主体的身份,这个身份需要有法律的认可和确定,就像《中华人民共和国公司法》对企业的主体身份进行认可和确定一样。其次,若要一个经济主体成为一个可以进行日常核算的会计主体,它应当拥有或控制足够的资产(权利)以保障偿付到期债务(责任),使其经济活动可以持续下去,因此清晰界定主体的资产(权利)与债务(责任)是使政府单位成为会计主体的前提。

1.2.2.2 给予地方政府主体足够持续运营和承担责任的权利

在会计实务中，一个确定了身份的会计主体，意味着"它"在市场经济环境中可以运营下去，这就是紧随"会计主体假设"之后而来的"持续经营假设"。一旦将政府单位确定为在经济上独立的主体，其财政活动的可持续性是一定要面对的问题，如果发生不能偿付到期债务的情况，就会面临"破产"的命运。尽管我国目前的《中华人民共和国破产法》并不涵盖政府单位的破产问题，但《国务院关于加强地方政府性债务管理的意见》也同样明确规定："地方政府对其举借的债务负有偿还责任，中央政府实行不救助原则。地方政府出现偿债困难时，要通过控制项目规模、压缩公用经费、处置存量资产等方式，多渠道筹集资金偿还债务。"显然，摆在我国中央政府面前的重要问题不仅是如何改革当前的财政制度，使地方政府成为各自独立的自担风险的市场经济主体；而且要使之在市场经济中长期运营下去，发挥其公共服务作用。

因此，实施政府财务会计面临的首要问题是：在当前我国的现实政治、经济和社会环境下，各级政府单位是否是独立的经济主体？是否有足够的资产或获取资产的权利支撑其进行持续的经济活动，并且偿还债务？

上述问题均属于会计主体理论，会计主体理论是会计理论的基础部分，是会计原则与准则体系建立的根基。所以政府财务会计主体的形成问题是在可操作性的会计技术之前就应予以充分关注和重点研究的，否则政府财务会计的实施将成为无源之水、无本之木而难以为继。

笔者认为，当前我国巨额地方政府性债务的形成与政府之间、政府与企业及政府部门之间的权责界限模糊，因而难以形成真正的责任主体有关。所以，政府会计主体的树立首先需要对政府单位的权责进行清晰界定。这一界定过程，也是约束、规范地方政府债务责任，防范和化解财政风险的过程。本书将以此作为研究对象,与之相关联的问题是:如果当前的制度环境尚未达到形成独立的政府会计主体的要求,原因在哪里,应该进行什么方向的改革以促进政府会计主体的形成?

由于当前政府会计改革的主要对象是地方政府,因此本书也将研究对象的范围限定为地方政府单位,即省以下(含省级)政府单位。

第三节 文 献 综 述

1.3.1 国外研究概况

1.3.1.1 国外学者的相关研究

James L. Chan(2003)分层次地研究了政府财务报告目标,认为应把政府会计的目标分为三个层次:(1)基本目标,该层次下的政府会计系统以检查、防范舞弊和贪污,保护公共财政资金的安全与完整,为主要目标;(2)中级目标,该层次下的政府会计系统以建立并完善健全的公共部门财务管理,提高公共资金使用绩效为主要目标;(3)高级目标,该层次下的政府会计系统以帮助政府履行对外部使用者的受托责任为主要目标。Chan 的上述研究表明,政府会计系统的发展完善与其所处的政治、经济环境及历史发展趋势密切相关。

Jerold L. Zimmerman(1977)在其经典文献《市政会计的曲径:基于政治动机的分析》中系统地分析了以下两个相互联系的问题:一是基金会计的优势到底是什么? 什么原因迫使政府以及其他非营利组织采用基金会计系统? 二是在给定基金结构的前提下,为什么政府官员们只会勉强接受那些不会影响基金会计结构,而仅仅增加补充报表的改革建议? 通过分析,Zimmerman 认为:第一,选民不会自愿推动政府会计改革,因为这些改革没有提供充分的收益以弥补他们承担的成本;第二,如果没有相关的改革配合与协调,政府会计改革即使强行推行仍无法解决公共系统存在的深层次问题。

1.3.1.2 国际组织的研究

国际会计师联合会(IFAC)为了推动全球的政府会计改革,于1986年设立了公共部门委员会(Public Sector Committee,PSC)。PSC从1996年启动了五项国际公共部门会计准则(International Public Sector Accounting Standards,IPSAS)的制定工作,以便为公共部门会计与财务报告提供全球公认的准则指引,提高公共部门会计和报告的质量与可比性,增强公共财政管理的透明度和受托责任。截至2011年4月,PSC共发布了31项基于权责发生制的IPSAS,1项基于收付实现制的IPSAS——《收付实现制会计基础上的财务报告》。IPSAS要求公共部门提供以下信息:(1)表明资源的获得和使用是否与法定预算相一致;(2)表明资源的获得与使用是否与法律和合同要求相一致;(3)提供评价主体在服务成本、效率和成果等业绩方面有用的信息。

国际货币基金组织(IMF)于1998年先后通过的《财政透明度良好做法守则——原则宣言》和《财政透明度手册》,于2001年通过《政府财政统计手册》,也对各国的政府会计改革产生了重大影响。财政透明度是指政府向公众公开政府的机构和职能、财政政策的目标、公共部门账户和财政预测等信息的程度。财政透明度对政府会计产生的影响极其广泛:(1)政府会计中的"政府"概念应该指"广义政府",即所有以履行政府职能为主要活动的机构;(2)政府财务报告应提供财政活动的所有信息、其他公共部门的准财政活动信息、中央政府或有负债对财政的影响、政府资产负债表和政府财务报告的合并信息等;(3)预算会计和政府会计的会计处理与报告应该以权责发生制为基础;(4)对所有的资产、负债的存量与流量信息都采用当期市场价值进行计量;(5)《政府财政统计手册》

对政府资产与负债、收入与费用的分类做出规范,强调对称性原则。

美国的州与地方政府的财务报告体系自从 1999 年政府会计准则委员会颁布第 34 号公告《州和地方政府基本财务报表及管理层讨论与分析》(简称 GASB《34 号》)以来,发生了巨大的变化。其政府财务报告从以基金为主体,转为以报告政府整体财务状况与运营活动为重点,并对政府的政务活动和商业活动统一采用权责发生制进行报告。美国现有的政府会计系统具有以下特点:一是在适当保留传统做法的基础上增加政府层面财务报告;二是采用预算基础与会计基础相分离并互为补充的财政管理方法;三是在进行政府会计权责发生制改革时,以本国的传统政府会计为基础,其报告体系包括政府层面财务报表、基金财务报表与基金联立财务报表。

英国中央政府从 1993 年开始正式实施了权责发生制会计改革,在中央政府的各个部门采用实施权责发生制基础的"资源会计与预算"(Resource Accounting and Budgeting,RAB)系统,其主要进程包括:(1)1993 年,中央政府第一次做出实施权责发生制会计的声明;(2)1994 年,政府声明将不实施整体政府的权责发生制会计;(3)1995 年,响应国会建议,政府宣布将进行整体政府权责发生制会计报表的研究,但首先提供部门的权责发生制会计报表;(4)按照《政府资源和会计法案(2000)》的规定,英国中央政府的各个部门实施资源会计,目前已经编制年度中央政府的部门合并报表。

澳大利亚政府会计改革相对激进,也更为彻底。其特点为:(1)《澳大利亚会计准则》的 27 号、29 号与 31 号准则分别规范地方政府财务报告、政府部门财务报告与政府整体财务报告的编制,并要求完全采用权责发生制基础;(2)澳大利亚会计概念公告同时适用于公司会计准则和公共部门会计准则,权责发生制的采用和对会计概念公告的援引使上述三项准则在基本概念的规定下与公司准则大致相同;(3)澳大利亚现有政府财务管理模式的变动,与国际公共部门会计准则的趋同,以及与澳大利亚政府财政统计系统的协调,都需要准则制定机构对澳大利亚会计准则做出进一步的改进。

西方国家或国际组织是西方国家政府会计研究和实践的重要力量,国家国际会计师联合会,国际货币基金组织,美国、英国、澳大利亚等国,出于规范本国或影响区域内(如IFAC)政府会计实务的需要,对政府会计研究进行了长期的研究,对政府财务报告目标、会计基础、会计要素的界定、确认与计量,报告体系的研究成果均十分丰富。

1.3.2 国内研究现状

近些年,我国对政府(预算)会计的研究主要体现在下列三个方面。

1.3.2.1 政府会计理论框架的构建

李定清(2002)指出,我国政府会计理论框架的构建环境表现在:"统一领导、分级管理"的预算管理;"一级政权、一级事权、一级预算"的国家政权结构;政府公共财政框架逐步建立;国库单一账户制度的逐步完善;政府采购制度的逐步推广等。

裴荣、郝东洋(2004)进一步指出了构建政府会计准则理论框架的重要性:有助于具体规范间的相互协调;增强准则的可理解性;有助于政府会计准则发展和演化的连续性。李定清(2002)认为,政府会计理论框架的内容包括:政府财务报告目标,政府会计假设,政府会计信息质量特征,政府会计要素,政府会计确认基础,政府会计准则制定模式。而贝洪俊(2005)将我国政府会计理论框架分为三个层次:会计基本假设、会计对象和财务报告目标;会计要素、会计信息质量特征;会计要素的确认、计量、记录与报告。王雍君(2007)则认为,可以将现行依托"组织类别"转向依托"支出周期"概念构造新型的政府会计框架。

1.3.2.2　政府财务报告目标

贝洪俊(2004)将政府财务报告目标分为全面目标、基本目标和具体目标。全面目标是指帮助政府履行受托责任;基本目标是促进政府单位建立健全财务管理机制;具体目标是保证公共财政资源用于限定用途。陈小悦、陈漩(2005)则将政府财务报告目标与财政透明度联系在一起,指出政府财务报告目标主要在于实现政府履行职责的高经济透明度。

还有许多学者,基于我国政府财务报告目标的特点进行研究。我国政府会计目标的特点表现为:我国是社会主义国家,人民群众需要充分了解和分析评价政府及其成员的责任履行情况;我国是以公有制经济为基础的社会主义国家,政府代表国家行使国有资产的所有权,有义务提供国有资产保值和增值情况的报告;我国绝大部分非营利组织是国有的,它们提供服务的数量和质量也构成政府的受托责任(赵建勇,1998)。因此,我国政府财务报告目标应该包括以下内容:符合预算法的要求,提供与预算相关的信息(王湛,2003;张霞,2003);反映国家资源的总存量、流量及变化情况,反映国有资产的总量及受托包管和经营中保值增值的信息,反映国家财政和财务状况的会计信息(陈志斌,2003;北京市预算会计委员会《预算会计课题组》,2006);界定政府的受托责任,提供政府及公共部门的业绩信息(王湛,2003;陈志斌,2003);提供帮助政府机构内容管理与控制,以及立法机构或审计部门监督和检查政府及其机构的有关信息(陈志斌,2003;詹雷、王成,2004)。

1.3.2.3　政府会计主体

全国预算与会计研究会课题组(2010)将会计主体定义为"会计记账和报告的主体",并将会计主体、会计规范适用主体和预算管理主体概念进行了区分。全国预算与会计研究会课题组提出,政府会计主体的设置应尽量使得三种主体范围一致,并将政府会计主体的模式分为三种。(1)以单位为基本会计主体,就是按政府组成、控制的单位,作为基本主体。(2)以基金作为基本会计主体,就是把政府的所有收支分成不同的类别,即不同的"基金"。每类基金有特定的来源和限定的用途,分别设置账户核算、编制财务报表。(3)单位会计主体和基金会计主体并存,即"双元主体"模式。"双元主体"模式就是对政府一般经济资源以单位做主体进行核算和报告,对有特定用途的资金以基金做主体进行核算和报告。全国预算与会计研究会课题组认为,我国应采用"双元主体"模式,其理由为"符合我国国情"。

王庆成(2000)将"基金会计"定义为:"政府会计(包括政府部门会计和政府行政部门会计)及公立非营利组织会计(国有事业单位会计)以基金为基础,按照基金种类进行会计核算与报告的会计体制或模式。"

贝洪俊(2004)认为,会计主体是"界定会计核算和报告的空间范围",一个会计主体内部可进一步分为"记账主体和报表主体"。记账主体又可称为核算主体,报表主体又可称为报告主体。"对政府或政府单位既可以每类限定用途的基金作为一个会计主体(记账主体,同时也是报告主体),也可以整个单位作为一个会计主体(报告主体)。""基金会计模式以资金活动为核算中心,而不是以运用资金的单位为核算中心。"

张雪芬(2006)指出:"我国的政府会计采取的是预算会计模式,每一个政府预算单位为一个会计主体和报告主体,即将政府单位所有财务资源作为一个会计主体来核算和报告,各种基金只是政府单位会计主体的内容。""我国应将预算会计主体转变为各级政府,实现政府会计核算。同时,配合政府资金的核算和管理,引进基金会计模式。目前按照我国公共财政管理的要求,应建立政府公共基金、国有资产基金和社会保障基金。""基金会计模式是我国未来政府会计改革的方向。"

叶龙、冯兆大(2006)指出:西方国家在政府会计领域内的一个最显著的特征就是"基金会计"模式的广泛应用。当代西方国家对政府会计主体的界定采用的是"双主体"模式,不但"政府"是一个会计主体,而且"基金"也是一个会计主体。

赵建勇(1999,2002)在对GASB基金主体及组织主体论述的基础上,认为GASB采用的是"双主体"模式。他认为,当代西方国家对"政府主体"这一概念的界定是以公共财政理论为基础的,"基金主体"这一概念的提出是公民与政府之间"委托—代理"关系的必然产物。此后,王留银(2011)也对此进行过论述。

路军伟(2010)指出:我国在政府财务会计主体的构造上,应因政府的级次和规模的不同而有所区别。对于规模极小的乡镇级政府,直接以整个乡镇级政府作为一个独立的会计主体。对于规模较小的市(地市县级地方政府),以"基金"构造政府财务会计主体。对于中央政府和省级政府,采用"基金"+"机构"的方式构造政府财务会计主体。撤销总预算会计,将预算会计主体分为"政府"预算会计主体和"机构"预算会计主体。

张琦(2011)将政府财务会计主体划分成三个层次。(1)政府机构主体,具体表现为某一级政府下属的部门或事业单位。政府机构主体既是核算主体又是报告主体。(2)某级政府主体,为报告主体,合并披露本级政府下辖的各部门、事业单位,以及下级政府的财务会计信息。(3)国家主体,为报告主体,一方面合并前两个层次主体的整体财务状况与营运绩效;另一方面,将不属于任何级次政府或政府机构的自然资源、历史遗迹等资产也包括在该层次的财务会计系统中。

1.3.2.4 政府会计基础

张继珍、刘宁(2003)认为,收付实现制作为政府会计传统模式的原因是,政府只需要对公共资源的使用负责,而不需要对资源的使用结果负责。收付实现制对于确保合规性是有优势的,但政府会计采用收付实现制存在以下问题:(1)在收付实现制基础上编制的财务报表,反映的受托责任较窄,不利于绩效管理和考核,易被管理机构操纵;(2)财政支出只包括以现金实际支付的部分,不反映那些当期已发生但尚未用现金支付的部分;(3)预算已经安排,但由于各种原因,当年无法支出而作为年终节余处理,从而使年终节余"虚增";(4)收付实现制无法反映某些政府承诺和长期决策的全部成本,无法反映固定资产净值情况(杨朝晖,2004);(5)无法反映政府的潜在债务和或有负债(周立宁,2000)。

张继珍,刘宁(2003)强调,现代预算管理强调的绩效导向是权责发生制改革的原因。权责发生制的优势表现为:(1)权责发生制能真实反映政府资产耗费和负债的积累情况,促进政府转变职能,节约政府行政成本,有利于提高政府行政的透明度,也是对政府负债风险控制目标的必然选择(邢俊英,2006);(2)权责发生制能提供成本信息,有利于与私立单位进行信息比较等优势,有助于改进公共服务质量和效率,增强政府竞争力(张继珍、刘宁,2003;张丽秀,2003);(3)权责发生制能提供增强财政长期支持能力方面的信息,可优化政府的长期决策(张丽秀,2003;陈继初,2003);(4)权责发生制使得管理者更重视政府机构的效率、效果等绩效问题;(5)权责发生制更加适应在新公共管理环境下拓展公众受托责任的要求(陈胜群、陈工孟、高宁,2002)。然而,权责发生制也存在一些固有的缺陷:权责发生制会计的实施成本较高;在实务中运用存在估计的主观性问题;会计信息的客观性和可比性受到影响;会计信息的透明度可能因权责发生制下较为复杂的原则和假设而受到影响(陈胜群、陈工孟、高宁,2002)。

学者们对政府会计引入权责发生制的程度有不同看法。陈立齐、李建发(2003)指出,权责发生制可以分为低度、中度、强度和完全四个层次。权责发生制引入程度越高,风险就越大,需要解决的计量问题就越多,结果将会更加主观。我国政府会计权责发生制改革应采取一种循序渐进式和对称的方法(陈立齐、李建发,2003;郝东洋,2005)。王丹芳(2002)、刘淑蓉(2003)等在比较权责发生制和收付实现制的基础上指出,修正的权责发生制更适合我国政府会计的现状。但周立宁(2000)认为,我国政府会计改革应根据经济业务的不同性质,采用不同的确认标准,并提出修正的收付实现制的思想。也有学者提出,我国政府会计现阶段不宜采用权责发生制会计基础(张跃旭,2003),因为:会计与预算使用不同的会计基础,会使管理不当和财政失灵现象更为严重;经济转轨的特点也决定了我国政府会计基础暂不适宜采用权责发生制,我国预算与政府会计目前的重点仍是保证财政资金的合规性。徐镇绥(2006)认为,在现行的预算管理模式和政府会计核算体系下,权责发生制的长处难以得到有效发挥现阶段,因此在会计基础选择上,政府会计仍应实行以收付实现制为基础、以权责发生制为适度补充的"修正的收付实现制"。张琦(2006)则认为,政府会计引入权责发生制具有阶段性、非完全性、对称性等特点,政府财务报告目标定位等因素影响着政府会计引入权责发生制的程度。

1.3.2.5 政府会计要素

北京市预算会计研究会课题组(2006)将我国学者关于政府会计要素界定的观点分成三类。第一种观点主张,只包括收入、支出、结余三个会计要素。支持这种观点的理由是,从本质上讲,政府会计的本质是分配会计,它不需要利用资产的运营获取收益,所以设置收入、支出、结余三个会计要素就足够。与第一种观点差别较大,第二种观点主张设置资产、负债、收入、支出以及基金余额或净资产要素,却不设置结余要素。支持这种观点的理由是,政府组织存在的目的不是营利,所以不需设置结余要素,而是将收入与支出的差额表述为基金余额或净资产的变动。同时,由于政府没有明确的所有者权益,故而不设置所有者要素,将资产减去负债后的差额称之为基金余额或净资产。第三种观点则主张设置资产、负债、基金、收入、支出、结余六个会计要素。持这种观点的学者认为,结余是收入、支出配比后的结果,能较好地表明单位运用资金的结果。对于资产减去负债的差额,则应称为基金。"基金"在会计上一般指资金来源且不包括负债,并表示对资源使用的限制,其含义符合这一会计要素所包含的内容。

1.3.2.6 政府财务报告体系

詹雷、王成(2004)指出,我国政府财务报告体系的特点包括:面临竞争性信息来源;需要财务信息与非财务信息的结合。相对于西方国家政府财务报告体系而言,我国政府财务报告体系存在以下缺陷:一是我国不重视期中财务报告的报送,不利于政府预算资金的营运分析与管理;二是财务报告的种类较少,报表体系不完善;三是报告编制方法单一,我国各级政府之间主要是以汇总方式编制财务报告,而不是以合并方式编制(张国康、程晓苏,2003);四是我国仅按照财政部门和上级单位下达的有关决算规定编制的会计报表(李定清、刘东,2003);五是我国现行政府预算会计不能反映政府资金的运用(王先元,2002)。

李建发(2001,2006)分析了我国政府财务报告的现状,发现我国各级政府从未编制过一份全面完整的政府财务报告,建议对预算会计报表或财政收支决算报告进行改革,按照公共财务管理的需要建立政府财务报告体系,提供反映政府公共部门的财务状况和财务活动结果、成本费用和受托业绩的财务信息。

叶龙(2003)提出了政府财务报告信息应是定量化信息和定性化信息的有机结合,所构想的政府财务报告包括:(1)基本情况说明书;(2)财务报表和附注,具体包括政府主体报表、基金主体报表和报表附注;(3)必要的附表和补充说明。

赵建勇、张国生(2005)对政府财务报告的概念、主体、会计基础、政府财务报告模型等做了阐述,认为政府财务报告是为满足信息使用者需求而编制的以财务信息为主要内容、以财务报表为主要形式、全面系统地反映政府财务受托责任的综合报告。他们还认为,应该将我国政府职能范围(社会管理职能、宏观经济调控职能和国有资产管理职能)内所从事的所有财务活动全部纳入政府财务报告的范围,每一级政府均应是一级政府财务报告的主体。

李雄飞(2008)认为,我国政府财务报告应当提供全面反映政府业绩和财务受托责任的财务及非财务信息,披露预算情况、国有资产、政府采购基金、社会保障基金等方面的信息。

王庆东、常丽(2007)认为,我国政府财务报告改进应该树立双重导向观,即兼顾外部信息使用者的需求和内部控制及宏观经济管理的需要。

1.3.3　相关研究评述

从上述研究文献综述中可以看出,国内外学者和机构对政府会计的起源、财务报告目标、政府会计基础、会计主体、会计要素和财务报告体系都进行了大量研究,取得丰硕成果。然而,我们发现,当前尚无以政府会计主体的权责界定问题作为研究对象的成果,即使有些内容涉及政府会计主体的研究,不仅数量较少,而且在所涉及的内容中,也主要是从会计核算和披露的技术角度进行的分析。一种思路是借鉴国外政府会计已经成型的国家的双主体界定,认为可以政府单位和基金作为会计主体;另一种思路认为可衔接预算会计的核算主体,作为划分政府财务会计主体的基础。因此,笔者认为,至今这一问题尚未引起政府会计研究学者足够的重视,也未能对此进行专业探讨。

在政府会计已成型的发达国家,政府作为一个独立的经济主体其身份是确定的,其法律上的权责界定是清晰的,因此在建立政府财务会计核算时不存在这样一个身份界定问题。而我国的政府会计研究很多是参照国外的研究体系和成果,反观我国的政府会计改革,可能是难以看到这是我国政府会计所特有的问题的原因。这个问题之所以是我国所特有的,是因为我国的市场经济体制是从全国大一统的计划经济体制转轨而来。经过几十年的改革,我国个人、企业作为独立的经济主体其权责已经得到确认和界定,只有政府单位之间的权责仍处于传统的条块权力体系控制之下,对于每一级政府、每一个政府单位,其具体的权责都很难有规范的、清晰的界定,这是目前政府财务会计面临的一个很现实、很棘手的问题。认识到这一点很重要,因为进行会计核算之前一定要确定收入、费用、资产和负债的归属,才能谈到收入、资产如何使用,费用、债务如何偿付,否则仍将是一摊烂账,没有任何决策的信息参考价值。目前,我国的预算会计对大量的政府资产、负债、收入、支出采取的是回避不入账的方式,或变通入账的方式。如此一来,预算会计已经很难承担政府经济活动的会计核算任务了。

目前,我国地方政府债务数额之大,已经引起国内外广泛关注。在这种情况下,建立政府财务会计势在必行。而如何划定政府单位权责、界定政府单位的会计主体身份,则是政府会计面临的首要问题。因此,这一问题的研究应该进入我们的研究视野,并应该进行深入探讨,这也是本书要选此为题的首要原因。也许由于时间和才能所限,本书只能做到把这一问题描绘出来,具体的解决路径还有待以后的深入研究,但发现问题终究是向解决问题迈出了一步。

第二章　会计主体理论与主体思想的变迁

　　尽管人们很难将会计与市场经济社会的形成与发展联系起来，然而不同社会学科中一些声名卓著的学者，如著名的社会学家马克斯·韦伯（Max Weber）、历史学家沃纳·松巴特（Werner Sombart）、经济学家约瑟夫·熊彼特（Joseph Schumpeter）和美国华裔历史学家黄仁宇，都曾把复式簿记放在他们各自的资本主义发展理论中非常重要的位置上。

　　马克斯·韦伯在其《新教伦理与资本主义精神》一书中，不仅仅把资本主义看作是一种经济制度，是机器发明和机械应用等相联系的技术发展的结果。在他看来，资本主义应理解为一种特殊的组织形式，一种文化、一种经济、一种具有特殊动因的价值系统。资本主义的一个基本特征是在工业生产中应用复式簿记核算成本和控制盈亏。马克斯·韦伯认为，这种尽可能以较少资本获取更多利润的"节省"原则在工商企业经营中具有重要意义，它构成了新的理性精神的本质。"要使一种完美地适应资本主义特性的生活态度最终能够得到选择，即它能够支配其他生活态度，那么这种生活态度就不可能起源于孤立的个人身上，而是为整个人类群体所共有的生活方式。"这些节省、精打细算的观念作为一种符合理性的社会精神气质或社会心理在欧洲传播开来，影响了人们的行为，最终导致现代资本主义的产生。

　　黄仁宇在其《资本主义与二十一世纪》一书中考察中国为何没有从内部产生资本主义制度时，总结道"中国社会不能在数目字上管理，由来已久"。他认为,"中国下层各种经济因素尚未造成一种可以公平而自由交换的情势。最下层的数字既不能复实,中上层之经理亦受影响,所谓各种黑暗与腐败,并非全系道德问题,而是有这样一个基本的技术问题存在。"(黄仁宇,1997)由此可见,复式簿记作为一种始自社会基本单位的自下而上的精细管理方式,对市场经济制度的产生和发展是一个至关重要的因素。

松巴特在其《现代资本主义》一书中对"科学"簿记对资本主义社会发展的重要性提出了三个明确的论据。第一,工业合理化。复式簿记中保持平衡的与固有的数据逻辑,连同产业资本主义一起,帮助企业对它的经济业务进行定量化、系统化和实施控制,并使资源分配达到新的合理性。第二,抽象化。复式簿记通过把资产和权益转换为抽象数字,并通过将经营活动的总成果表现为损益,把企业经营的目的明确为"对无限利润的合理追求"。第三,非拟人化。复式簿记通过用抽象资本概念来替换个人所有权的观念,从而为企业所有权与管理权的分离提供了方便,并促进了大型公司的发展。其第三点指出的即是"会计主体"概念。由于形成了一个脱离业主所有权的会计主体,使企业的经济活动能够独立于业主的经济活动而存在,不仅为所有权与管理权的分离和扩大企业规模创造了条件,而且建立了企业以其资产独立承担债务的有限责任制度,从而在局部化解和分散了市场风险,保护了市场经济的整体发展。

通过历史回顾,我们会得出这样的结论:会计主体假设及权责的界定是市场经济中的主体在进行财务会计核算时应满足的首要条件,因此政府单位若要建立财务会计,这一条是绕不过去的。

第一节　会计主体的概念及主体的权责

2.1.1　会计主体的概念

在会计理论体系中,会计假设(或前提)理论是会计的基础性理论,是研究者根据以往的会计实践和理论,对会计特定经济环境所做的合乎情理的假说或设定。1961 年,美国的坎宁在《会计的基本假设》一文中,把会计基本假设看成是对会计所赖以存在的经济、政治和社会环境的基本前提或基本假设。一直到现在,美国会计理论界对会计假设的看法基本遵循了这一观点。会计假设包括四个基本假设:会计主体假设、持续经营假设、会计分期假设和货币计量假设。会计原则、会计要素和会计准则都以此为构筑的基础。在四个会计假设中,会计主体假设则居于所有假设的基石地位(Paton,Littleton,1940;Paton,1922)。财务会计本是立足主体,面向市场,提供该主体关于财务状况、财务业绩和现金流量的一个经济信息系统。在财务会计的基本特征中,立足主体是前提,所以主体成为第一个假设。

我国财政部会计司发布的《企业会计准则讲解 2010》,对会计主体假设进行了如此界定:"会计主体,是指企业会计确认、计量和报告的空间范围。在会计主体假设下,企业应当对其本身发生的交易或者事项进行会计确认、计量和报告,反映企业本身所从事的各项生产经营活动。明确界定会计主体是开展会计确认、计量和报告工作的重要前提。"这一描述体现了市场经济体制的客观要求:一个企业成立后,就成为独立的经济实体,拥有自身的资产,亦负有本身的债务,独立负责一切业务行为。与之相对应,在会计上就表现为所应处理的交易、事项的空间范围,以及对外进行财务报告的内容的边界。

2.1.2 主体的权责

本书研究的"权责"是指会计主体在市场经济中作为独立经济主体所拥有的"财产权"与应负的"责任义务"。因此,"权"指的是会计主体的财产权利,即附着于企业全部资产之上的财产权利;"责"指的是企业承担的全部偿付责任,既包括对债权人的负债,也包括对投资人的资本。理解本书研究的"权"与"责"需要做以下两点区分。

2.1.2.1 与"权责发生制"中的"权"与"责"相区分

政府会计改革的核心思想是将现行的收付实现制❶核算基础,改为权责发生制核算基础,或者理解为对于只核算当期财政资金的"收"与"支"的核算内容,扩展为不仅核算收与支,而且要核算收支所产生的长期结果,即将收支所形成的所有资产与负债等内容也纳入核算范围。这里的"权责发生制",英语表达为"accrual basis",也被译为"应收应付制"或"应计制",是与收付实现制相对应的一种会计核算基础。这是指:凡是当期已经实现的收入和已经发生或应当负担的费用,无论款项是否收付,都应当作为当期的收入和费用,计入利润表;凡是不属于当期的收入和费用,即使款项已在当期收付,也不应当作为当期的收入和费用。"权责发生制"的译法颇有些意译的内涵在其中,我们可以把这里的"权"理解为已获取的收取款项的权利,是一种资产;"责"理解为支付款项的义务,是一种负债。

权责发生制,指在交易和其他事项发生(不仅是收到或支付现金或现金等价物)时予以确认的会计基础。因此,交易和事项应当记入相关期间的会计记录并在相关期间的财务报表中确认。权责发生制下确认

---

❶收付实现制(cash basis)又称现金制或实收实付制,是以现金收到或付出为标准,来记录收入的实现和费用的发生。按照收付实现制,收入和费用的归属期间将与现金收支行为的发生与否紧密地联系在一起。换言之,现金收支行为在其发生的期间全部记作收入和费用,而不考虑与现金收支行为相连的经济业务实质上是否发生。

的要素是资产、负债、净资产/权益、收入和费用。

2.1.2.2　与一般意义上将企业之"责"只理解为"负债"相区分

虽然人们在谈到企业应偿付的责任时常常指的仅是企业的"负债"，而会忽略了企业对投资人的"资本"偿付义务。其原因或许是债权需要到期偿还，否则可能会导致破产这种严重的后果；而投资人在企业存续期间则无法收回投资，只在企业清算时才会得到履行。细究起来，本书所研究的"责"比企业应偿付的"负债"之"责"范围要宽泛一些，既包括对债权人所应偿付的"负债"，又包括对投资人所应偿付的"资本"。

2.1.3　会计主体与权责概念的内在统一

企业之所以被人们视为一个独立的会计主体，需要对其经济活动及结果对外进行报告，正是由于在委托代理关系中，它以其收取的财产权利（权）对外部利益群体承担着偿付责任（责），而会计记录和对外报告的内容也正是这一主体的"权"（资产）与"责"（负债+所有者权益）。因此会计主体与权责概念相当于一个事物的"表"与"里"，没有企业内在的"权责"为支撑，"会计主体"就没有了核算和对外报告的内容。同样，没有"会计主体"这一外在形式，也就无法完整反映企业的"权责"，所谓"皮之不存，毛将焉附"。

两者的内在统一，还可从会计基本平衡公式中得到完整体现，而且这一公式还可解释为何企业之"责"包括"负债"和"资本"两部分内容。人们一般都从会计角度理解为会计主体的会计要素之间在计量上的等式关系，在此等式基础上建立起借贷复式记账法和资产负债表等一套会计方法。但是，在会计中为什么产生这个公式，而不是别的公式呢？其实这一公式更应该从市场经济和法律方面来理解。换言之，是市场经济和法律关系决定了会计一定要采用这个公式,以符合经济和法律上的需要。经济和法律上的产权关系,决定了会计公式的内容。

在市场经济中,自然人和法人是市场经济的主体。他们都是财产所有权(产权)主体。从投资经营角度看,作为财产所有者的产权主体,都拥有一定量的商品财产。从其来源(资本)来看,一部分是自有的资本,另一部分是借入的资本。于是该主体的商品财产和资本价值之间存在着等量关系。

某主体在市场上拥有的商品财产=该主体在市场中从债权人取得的借入资本价值+该主体在市场上从投资人取得的投入资本价值

为了要保护市场经济中各产权主体的商品财产价值及其资本价值,在民法中把公民自然人和组织法人规定为民法主体。他们都以自己所有的财产来承担民事偿付责任。民法中的民事权利包括指财产权和人身权,民事义务就是指民事债务责任和其他责任。所以从民法角度看,经济上产权主体的资产价值和资本价值的等量关系,在法律上表现为公民自然人和法人的民事财产权利(权)和民事偿付责任之间(责)的等量关系。

某主体在法律上享有的民事财产权利=该主体在法律上对债权人负担的依法清偿的民事偿付责任+该主体在法律上对投资人承担的依法归还资本的民事偿付责任

在会计中,凡是产权主体都是会计主体,根据市场经济和民法要求,会计用资产表示商品财产价值和民事财产权利,用负债表示对债权人借入资本承担的民事偿付责任,用资本表示对投资人投入资本承担的民事偿付责任。于是会计公式按下列等式表示资产、负债和资本之间的产权关系。

资产=负债+资本

从上述经济、法律、会计方面的三个平衡公式看,尽管在经济、法律、会计三者的角度不同,但都存在着对应双方之间的平衡关系,这是相互一致的。会计公式并不仅仅是一个数学上的计算公式。它不但客观地反映了会计要素资产、负债、资本之间的关系,而且真实反映了市场经济和民法中的权责关系。建立政府财务会计,首先要使政府单位成为独立于投资人、债权人的经济主体,具有自身的民事行为能力,而做到这一点的前提是要清晰界定其所属的财产权利(资产)和偿付责任(负债+净资产)。

实际上会计主体与权责的思想是在漫长的会计实践中,在对会计环境的认识反复凝结提炼而成的,并且这一思想随着社会经济活动对会计需求的演变而不断深化和拓展,还将随着经济的变化进一步发展下去。因此,我们应从会计历史的角度对上述思想的演进进行回顾和梳理,从历史变迁中可以清晰地看到企业与所有者的经济业务和资产逐渐走向分离,独立承担偿付责任而成为会计主体的脉络。

第二节　会计主体及其权责思想的产生

2.2.1　复式簿记在意大利的产生

虽然我们尚不了解复式簿记的确切起源,但对其早期历史的许多方面却取得了一致的意见。左右对照的账户形式是为了适应商业的复杂化,满足当时会计制度无法解决的商业上的要求,于1250—1440年在意大利北部产生的。十字军东征(1096—1291年)和随后地中海贸易的繁荣,促进了商业的快速发展。当时,十字军战士除必要的舰船和粮食以外,还带回了丝绸、香料和其他东方的产品,从而刺激西欧居民对这些商品的需求,同时也刺激他们去生产可以与这些商品相交换的欧洲产品。这种新的交易促成了长达300年的商业革命,而这次商业革命正是18世纪工业革命的预兆。

位于地中海沿岸的热那亚和威尼斯凭借其有利的位置,获得了作为连接欧洲和近东交易中转站的地位。A. C. 利特尔顿教授曾经对意大利在13世纪已具备的产生复式簿记所必需的条件总结为七项。迈克尔·查特菲尔德教授认为,除这七项条件之外,还有两项条件必不可少,那就是意大利的商业合伙和委托代理关系,这两项条件同样促进了会计的发展。当时多数企业均采用合伙形态,所以为了公平地分配利润,就需要一套反映合伙企业业务的会计制度。长期合伙企业的形成,促使人们认识到,这些企业应是独立的实体,实体的资本和收益反映的应是所有者的请求权。

有人认为,早在希腊、罗马、古印度、秘鲁和西班牙等地,就发明了复式簿记,A. C. 利特尔顿认为,可以记录业务的二重性和借贷的平衡性是意大利复式簿记的典型特征,即(1)每笔经济业务均做成两笔,一笔为借方,另一笔为贷方;(2)所有的账户均按同一货币单位记账。这两点使其显示出与其他复式簿记方法在本质上的不同。然而利特尔顿和齐默尔曼教授则主张,复式簿记的本质并非二重性和平衡性,而是利润和权益余额两个范畴的结合,即"通过实账户与虚账户的配合,可以反映利润和权益余额"。"实账户和虚账户的结合,较之会计发展的其他方面,其重要性要大得多"。费用账户和权益账户的结合,为从数量上确定资本和收益的划分提供了手段。正是这些账户的结合,使复式簿记可以将所有的经营业务记入会计账簿,从而可以根据其结果对利润和资本的总损失做出判断。它通过限定会计资料仅仅反映企业的经济活动,并通过按一套货币单位反映所有的经济业务,最后才发展出将企业作为最大限度地追求利润的实体的概念。只有在簿记为企业整个经营活动服务的时候,借贷账户左右对照的潜力才充分发挥了出来。这种复式簿记与其说是为企业服务而设计,不如说它是为了适应非常复杂的环境而设计。它所具有的同时强调利润与资本来源的全面性，使这种有无限理论潜力的复式簿记方法得以在全世界范围内普及。

2.2.2　复式簿记在欧洲的传播

复式簿记也逐渐被修道院和政府会计所采用，有人开始研究簿记理论。1586年，柏纳克里特教团的修道士唐·安杰洛·彼得拉（Don Angelo Pietra）出版了第一本论述非营利组织会计的著作。彼得拉认为，为了检查修道院的会计，最好单独编制财务报表，并加以审核。彼得拉是第一个将企业和所有者分别看待的著作者，他倡导编制企业的损益表和资本明细表，因为他不仅希望明确了解所有者资本的变化，而且希望了解该主体整个财务状况的变化。

在这种簿记方式产生大约300年后的1494年，年近50岁的意大利传教士帕乔利在他出版的第五本数学专著《算术、几何、比及比例概要》（*Summade Arithmetica, Geometria, Proportionet Proportionalita*）一书中，通过将威尼斯簿记实务的本质内容公之于众，使以前主要通过徒弟制度和雇员调动工作来传播的会计知识得以迅速普及，最终"意大利式簿记法"（ItalianMethod）的知识传播到整个欧洲和更远的地区。

在这一时期，复式簿记得到了广泛的传播，从意大利传到荷兰、德国、法国、英国、美国，甚至日本。在这些国家相同的社会发展阶段，即由封建社会发展到商业社会占主导地位时代，它的普及对"敲响中世纪丧钟"的欧洲经济的扩展产生了什么样的影响？沃尔特·尤肯（Walter Eucken）指出："什么地方缺乏这种复式簿记知识或普及缓慢（如汉萨同盟城邦），它的经济发展就迟缓。只有对经济核算方法进行改良，才能够完全改变人们对经济生活的姿态。"

复式簿记在都铎王朝时代渐渐传入英国，当时英国的商业生活酷似"文艺复兴"时期，已经开始出现资本主义经济制度的萌芽，但商业活动是小规模的,贸易往来是零星发生的,并按交易的次数和商品的种类决出损益。当时的复式记账制度还是非常粗糙的。由于对企业外部不承担什么责任,商人只按自己的意愿办理,由于他们自己与企业的事务有着密切的联系,私人交易和企业交易相互混淆,而且降低了定期检查总账正确性的必要性。当时也未产生权责发生制会计和定期决算,商人通过审阅总账,便可以了解他的企业的财务状况。如果编制资产负债表,那么这份报表反映的也是商人们的资产和负债盘存表。

2.2.3 会计主体从"账户拟人说"到"业主权益理论"

对于这样一门完全产生于实践并随经济发展的需要而发展的技术,理论的产生虽然缓慢而滞后,但理论却是必需的。这不仅是为了对当前的技术进行合理解释,以便于教学和传播,更是为了能够在所有经济业务中运用这一规则,应对新的困难和意外的情况。会计理论起源于对复式记账原理的解释,开始于对会计主体的理解和认识。

2.2.3.1 账户拟人说

最初的簿记理论是按照人与人之间的借贷关系来设置账户和处理业务的。意大利会计学者巴乔利早在15世纪末就用拟人的方法描绘了所有者与其资本之间的关系。这可以说是"拟人说"的萌芽。到17世纪30年代,意大利会计学者卢多维科·弗洛里(Lodovico Flori,1579—1647年)在其著作《附例解的家庭用复式簿记理论》中阐述和发展了拟人说的基本理论:"借方及贷方所记之账目,应包含对人项目及无生之实物项目,一切记账均以人之立场处理之。例如家计簿中之现金,即认为有金钱保管人,故收入金钱时,应视为向保管人借入而借记之;反之,付出金钱时,应视为前项借款之归还而贷记之。"

之所以在18世纪以前产生"拟人说",是因为当时人们难以把非人名账户作为抽象的概念加以解释,因而人们只能按易于理解的方式对它加以讨论。"拟人说"为全面分析会计结构开辟了道路，但"拟人说"在实际使用中是一种基于主观假设的没有多大效果的技术，它不能解释账户的真正目的和交易的真实成果，而且"拟人说"中的"主体人"又有着不确定的指向。

2.2.3.2　业主权益理论

自18世纪初叶开始，一些簿记学者转而注重从业主立场看待账户意义，这导致了业主权益理论的产生，英国学者的贡献首先启效。1800年英国的詹姆士·富尔顿（James Fulton）在《英印簿记》（British-Indian Bookkeeping）中抓住了业主权益理论的基本概念，指出资本余额不仅是资本和债务的差额，而且是自公司设立以来原始投资加减经营损益的差额。1818年，克朗赫尔姆（F.W. Cronhelm）的《单一产品的复式簿记》（Double Entry by Single）完成了对业主权益理论的解说。他认为簿记的目的是"经常向业主表明他的总资本及其每一构成部分的价值"。

在近代，美国学者斯普拉格和哈特菲尔德是"业主权益理论"最著名的继承者，他们将业主视为企业权利的核心，会计的目的就在于反映作为企业投资者和所有者的业主权益的增减变动。查尔斯·埃兹拉·斯普拉格（Charles Ezra Sprague）在他1907年出版的著作《会计哲学》中提出了对"资产=负债+权益"公式的理解，认为后文所述的"企业实体论"将所有者的资本视作企业负债的观点是错误的，因为企业与所有者的关系同其他负债并不相同。企业与所有者之间并不存在交易，其业务是单向的、非互惠的，企业对其所有者不可能承担义务，它们之间不存在债权债务关系，所有者的投资应该作为所有者权益另立一个项目。

另一位代表人物亨利·兰德·哈特菲尔德（Henry Rand Hatfield）在他1909出版的著作《近代会计学》中也提出了完整的"业主权益理论"。在他的理论中，业主是会计关注的焦点，从业主的角度看，登记会计账簿和编制会计报表的最终目的在于计算和分析业主的资产净值。资产代表业主所拥有的财产或者取得的利润,负债是业主的债务。资本表明企业对业主的价值,收益直接增加业主权益,而费用则直接减少业主权益,净利润直接记作业主的财富。各种收入都可以用相同的方法进行处理,因为他们都增加业主权益。亏损和费用一样都减少业主权益,税金和利息都是费用,红利表示资本的提取。

　　总之,"业主权益理论"认为,企业是业主的企业,企业与业主是统一的,企业并不是独立的主体,而是业主经营活动的一个载体,业主拥有对企业全部的财产权利,也对企业的债务负无限责任,两者之差是净资产(Net Assets),构成了业主权益,这里根本不存在一个与业主分离的主体。由于"业主权益理论"强调企业与业主的统一,它只适合负无限责任的独资和合伙企业,在负有限责任的企业中,"业主权益理论"被修正就成为一种必然。

第三节　会计主体及其权责思想的形成

2.3.1　股份有限公司的兴起

　　会计主体理论的变迁是随着有限责任公司的出现而逐渐形成的。意大利的"康美达"(Comomenda)合营公司是股份有限公司的先驱。在"文艺复兴"时期;投资者为了逃避教会有关货币不能生息以防止高利贷的法令,将它们的现金委托给外贸商人,从而分享合营冒险事业的利润。在"康美达"的合营契约中开创了这样一个先例,即规定贸易合伙人对合营公司的债务负有全部责任,而不直接参与经营活动的投资者只在投资额范围内承担风险,并且可以分享利润。受意大利实务影响的许多欧洲国家在商法中都规定,应区分参加具体经营的合伙人和不参加具体经营的合伙人(亦称"匿名合伙人")所分担的责任,后者的责任只以其出资额为限。

这一思想的源头可追溯到中世纪,那时便有三类机关——教会、城市和行会,被视为是独立的、可以永久存在的主体。修道院的财产从未被认为属予哪个修道士或院长大人,他们个人对教会的债务也不承担偿还责任。中世纪的市政当局也被视作是与其居民无关的独立实体,它们都要取得法律上承认其独立地位的结成社团的条款。行会是以行业保护为目的的互相扶助的职业团体。与教会和城市一样,行会在自己的名义下拥有财产,并且通过让许多个体者的加入,使其具有永久性的办公处所。

17世纪初,英国的某些公司推广了一种投资者只负有限责任的形式,以吸引投资者购买公司的股票。美洲大陆的发现和通向中国—印度航路的开辟,促使投资者开始把注意力转向海外贸易。英国初期从事这种贸易的"冒险性公司"是合伙组织,但是与意大利的"康美达"一样,某些合伙人希望具体从事海外贸易活动,而其他的合伙人只是想从事投资。在获利大、风险也大的领域里,如果投资者和冒险家想进行富有成效的合作,就需要采取某种有限责任的形式。随着企业规模的扩大,越来越多的人开始关心企业的经营活动,但是这些需要信息的人又无法直接接近总账,这样就需要单独编制财务报表。股份公司的出现,使有利害关系者对与账簿分离的独立财务报表的要求更为强烈。这是因为,债权者和股东均要求得到与他们的投资有关的资料。

构成现代股份公司基础的法学理论,是由下述三种早期的思想发展演变而来:(1)每一个公司应是独立的,凭本身权利拥有财产的实体;(2)组成公司的个体对其经营活动只承担有限责任;(3)公司可与其所有者的寿命无关而继续存在。

在各种情况下,主体的独立存在为成员提供了承担有限责任的理论根据。如果一个企业的存在与它的所有者无关,那么从逻辑上讲,就不能用企业的财产来偿还所有者个人的债务,因为所有者自己对企业的资产只拥有间接的索赔。同样,假如该公司是一个具有签约权并拥有财产的独立个体,那么它的债权人也不能指望得到股东的个人资产去偿还公司的债务。随着一些所有者应对公司债务承担有限责任的概念得到公认,导致了企业有权脱离它们的所有者而存在的学说——"企业主体理论",该理论逐渐占据了会计主体理论的主流。

2.3.2 企业主体理论

企业主体理论的代表人物是美国会计学家佩顿,他在1922年出版的《会计理论》和1940年出版的《企业会计准则导论》两本著作中对这一理论进行了深入的论述。他坚持应站在企业整体的立场上来分析会计问题,指出业主权益理论最大的错误在于把收入和费用定义为"只是业主权的派生物",从各种渠道取得的净利润直接归给业主,不要求从本质上区别经营收入和其他收益,这就使"所有对损益表的差量分析成为不必要",并使损益表上的分类不合逻辑。

佩顿在批判业主权益理论的同时继承和发展了企业主体理论。他认为:无论在什么情况下,企业都是一个独立的实体或法人的概念。如果公司在职能上与业主、债权人分离,会计关注的中心应该是公司而不是业主和债权人。资产代表企业自身接受特定物品、服务或其他利益的权利,负债和所有者权益是企业自身的特定义务。收入是对企业提供服务的补偿,而费用是为取得这些收入而耗费的劳务的成本,收入减去费用后的净收益是企业发生的,而不是业主或债权人发生的,应归企业自己处理。支付利息、所得、分配股息是利润的分配,而不是业主资本的提取。虽然净收益通常表现为所有者权益的变动,但并不意味着净收益就是业主的收益,只有投入价值的增加或股利的宣告部分才属于业主的收益。留存盈余表示股东未来分配的收益。会计主体可以有层次性,通常一个企业是一个主体,如果某个部门具有重要性,也可以将其定为"次级主体"。

他坚持"所有权与负债不可分,应将二者合而为一统称为资产分配权,在会计学立场上,即代表一种分配资产权利的价值,负债代表债权人所拥有的部分资产分配权,资本则代表股东所拥有的公司剩余资产分配权,因而资产分配权代表了公司债权人与股东对公司资产的权利,不过是有先后之分而已(债权人有优先权,股东则在最后)"。他还指出,即使从法律上来看,所有权与负债也是没有分别的,会计公式"资产=资产分配权"中,左、右两边所指本是一回事,不过用二方面表示而已,左边表示公司的资产价值,右边表示对公司资产的要求权,因此两边必相等。

总之,企业主体理论是立足于企业的立场来考虑问题,认为公司资产的财产权利只属于企业,而负债和所有者权益都属于公司应偿付的债务,是为了筹集资本所应付出的代价,但以公司自有的全部资产为限来偿还。企业有独立于债权人和投资者的身份,一旦产生就有其自身的生命轨迹,只有破产和清算才能终止其生命。这一有限责任的理念使它既适用于公司企业,也适用于独立于个人而持续存在的非公司组织,它也为企业定期对难以接触到内部信息的外部利益群体披露财务报告提供了理论基础,使以对外报送财务报告提供决策有用的信息为主要目标的财务会计最终从传统会计中分离出来,而成为独立的会计学分支。

2.3.3 资本市场对标准财务报告的需求催生"公认会计原则"的制定

20世纪初以来,在美国,股份公司的所有权和经营权已经明显地分离,企业的股东基本上脱离企业的经营管理,但他们对管理当局的"经管责任"和工作业绩的关注却加强了。由于这些方面的信息主要通过财务报表获得,出于对自身利益的关心,他们必然要求企业财务报表具有可靠性。另外,随着企业资本结构和筹资方式的改变,企业也增加了对投资人和债权人的依赖。为获取有保障的资金来源,客观上要求企业会计不断提高财务报表的真实性和可靠性,以便现有的和可能的投资人与债权人可据此做出合理的投资决策,保证企业的集资需要。

在20世纪初,美国各企业的会计处理是相当随意的,企业的会计程序方法及其报表提供的内容仍取决于管理当局的意愿或审计师的不同意见。实际上,自19世纪末以来随着美国新大陆的开发,大量欧洲资本涌入美国、加拿大和墨西哥等地,伴随而来的是欧洲的执业会计师,他们主要来自苏格兰和英国,并具有不同的查账程序和标准。所以,为了改进会计实务,提高财务报表的质量,会计处理程序的规范化或统一化逐渐显得必要。1909年,美国公共会计师协会(AAPA)❶就开始了进行会计规范化的尝试。当时,企业的外部资金主要来自银行贷款,债权人着重要掌握企业的偿债能力,因而资产负债表是最重要的会计报表。因此,在1917年,美国联邦储备委员会和联邦贸易委员会一致决定对企业向银行申请贷款而编制的资产负债表予以标准化,并委托当时的美国会计师协会提出标准会计报表及其编制程序的备忘录。1936年,美国会计师协会正式形成"公认会计原则"(General Accepted Accounting Principals,GAAP)的概念,作为发布的所有会计规范的总称。

在此期间,1929—1933年的经济危机严重破坏了美国的经济,而其中一个重要原因被归咎于证券市场上投机诈骗盛行,企业财务报表严重失实。此次经济大危机迫使美国政府加强对市场经济的干预。1933年和1934年,美国国会相继通过了《证券法》和《证券交易法》,规定所有证券上市企业都必须提供统一的会计信息,并授权美国证券交易委员会(SEC)负责制定统一的会计规则或准则。但是,为了增加会计准则的独

---

❶美国公共会计师协会(简称AAPA),成立于1886年,1917年改名为美国会计师协会(简称AIA),1968年又改名为美国注册会计师协会(简称AICPA),沿用至今。这一组织在美国"公认会计原则(简称GAAP)"的制定中起着重要作用。

立性,美国证券交易委员会在1938年将这一权限授予美国会计师协会。从此,美国开始由会计职业界制定会计准则。

2.3.4 会计理论研究基点从"会计主体"转向"财务报告目标"

时至今日,美国公认会计原制定过程大致经历了三个主要阶段。在这一过程中,我们大致可以看到会计理论研究从以"会计主体"转向了以"财务报告目标"为基点,而会计主体假设只是被含蓄地在环境的描述和其他因素的论证中涉及,成为隐含的背景。

2.3.4.1 1938—1957年,会计程序委员会(CAP)阶段

1938年,美国注册会计师协会成立会计程序委员会(CAP)。但由于该会计程序委员会未能构建起内在逻辑一致的会计准则体系,于1957年被新建立的会计原则委员会取代。

2.3.4.2 1957—1973年,会计原则委员会(APB)阶段

APB吸取了CAP的历史经验教训,确定了会计准则制定与会计基本理论研究并重的总体战略。1958年一个会计研究项目的专门委员会建议,应以会计假设和基本原则为重点来制定会计准则的基础,一套公允的配套的原则应当在假设的基础上、一系列原则连同若干假设应当用来作为解决具体问题的参考框架。最基本的假设是从环境获得的命题,共五个,会计主体是其中的一个。从假设到原则,形成一个严密的纯粹从演绎而来的指导GAAP的理论体系。这可视为美国准则制定机构开展财务会计概念框架研究的发轫与先驱。然而,项目研究委员会的建议却遭到APB的否决,APB认为这些理论和概念距离当前的会计实务太远,不便执行。原因在哪里?因为环境发生了变化。

从20世纪60年代起,《控制论》《信息论》《系统论》在美国突然兴起,

并渗透到包括会计在内的许多学科,于是会计就由一门分类记录和汇总的艺术,定义为一个"经济信息系统"。1966年,美国会计学会明确指出:"在本质上,会计是一个信息系统。"估计受这一环境的影响,AICPA理事会也改变了初衷,它已不期望从假设出发去构建指导GAAP的理论,而设想从"目标"出发去研究一套会计的概念框架。因为会计既然是一个人造信息系统,而按照"系统论",任何人造系统都应当由特定的目标建立,目标是指导人造系统的出发点和终结论(即指引系统的方向)。

2.3.4.3 1973年,财务会计准则委员会阶段

上述AICPA研究指导财务会计理论的新动向,或可由1971年AICPA建立一个以研究"财务报告目标"的研究小组(Trueblood Study Group,因小组由Robert M. Trueblood领导而得名)得出。当1973年,上述研究小组提出"财务报表的目标"的研究报告之时,大体也是财务会计准则委员会(FASB)接替APB成为美国新的GAAP制定机构之际。FASB不但承担了财务会计准则制定的任务,也继承了对指导GAAP理论体系的研究工作。FASB在1976年先发表了一份讨论备忘录,题名为"财务会计与报告的概念框架:财务报表的要素及其计量"在这份备忘录中,FASB对财务会计的概念框架❶(Conceptual Framework for Financial Accounting, CF)下了明确的定义:"概念框架是以财务报表的目标和与目标相关联的概念共同组成的,构成财务会计基础的概念体系。目标决定财务报表(以后改为财务报告)的目的和宗旨,其他基本概念用于指导财务会计信息的质量特征、财务报表的要素及其确认和计量。"

在这个定义中,我们可以清晰地看到没有包括主体、持续经营等过去所研究的假设。其之所以不包括主体假设,可能由于FASB当时认为,

---

❶财务会计概念框架(CF)是财务会计准则委员会发布的正式文告的一类,是GAAP的基础理论部分,其作用在于为制度框架准则提供一个良好的理论框架,与APB时期既已开始的会计基本理论研究一脉相承。

"假设"与"目标"不属于会计基本概念的同一层面。FASB当时设想的财务报告概念框架(正式名称为"财务会计概念公告"FASB Concepts Statements;SFACs,从1978年11月至2000年2月,共发表7份)紧紧围绕会计这个经济信息系统。财务会计的主要任务是编报"财务报告"。所有的基本概念都从财务报告目标出发,应用了若干基本概念,规定财务报告的信息质量特征,财务报表的要素如何在报表中确认和计量上述要素,形成一整套作为财务报告中心的财务报表并表述如何在表外(包括财务报表附注和其他财务报告)中披露对决策有用的其他财务和非财务信息。以目标为制定概念框架的起点。FASB的这一做法,几乎影响到后来的所有的概念框架制定者。

第四节 会计主体及其权责思想的拓展❶

2.4.1 会计主体假设在财务会计概念框架中的隐性化

FASB设想的概念框架确实是一个紧紧围绕目标(使用者的决策需求)连贯、协调、内在一致的理论体系,关于财务报告所存在的客观环境与前提的基本假设(Basic Postulates)概念几乎不再出现在正文中。但是,在FASB的概念公告中(也包括IASB的1989年的编表框架)实际上并没有离开也不可能离开主体概念。例如,第1号财务会计概念公告就题为《企业财务报告的目标》,而企业即是"报告主体";第2号财务会计概念公告涉及会计信息的质量特点,也是指企业即"主体"提供的会计信息应具备的质量;第3号(即由第6号所取代的)财务会计概念公告更是十分

---

❶ 这一部分的内容主要参考了我国已故著名会计学家葛家澍教授曾发表在《会计研究》上的系列文章,特此说明。

明确地用"主体"代表企业了。但凡提出财务会计报表的要素时,每一个要素的定义几乎都同"主体"有关。

至于第5号财务会计概念公告在论述财务报表的确认与计量时,其标题同样加上企业,"企业财务报表的确认与计量",而在这份概念公告的"财务报表"一大段中,在第5段就又指出:"在对外的通用财务报告中,财务报表列表的项目的货币金额来自会计的记录,它们或表示一个主体某一时点的状况,或该主体经过不同期间发生多次变动的财务状况的正式表格,在财务报表中确认了各个项目,在财务上表述某一主体的各种资源(资产),对这些资源的要求权(含负债和所有者权益),以及引起上述资源、资源的要求权产生变化和影响的各项交易和其他事项与情况。一个主体的财务报表是与每一方面相互连结并来源于基础数据的一整套基本的信息(SFACNo.5,par.6)。"从以上的引证,尤其是第5号概念公告第6段的引证已充分说明:美国的财务会计概念公告尽管不明确地,但隐含地运用主体假设作为自己的概念是随处可见的。不仅主体假设,而且包括持续经营与会计分期、权责发生制等假设,在FASB的概念框架中的应用也难以避免。

由此可见,会计作为一个人造信息系统,当然以"目标"为主线,研究其应用的基本概念是无可非议的,而且当前概念框架中所涉及的会计概念,均密切与财务会计的基本程序:记录、确认、计量、列报、披露各环节密切相关。为了突出财务报告的概念框架,对于会计记录(作为财务会计的第一步确认)只是点到而不分析其应用的概念,也是可以理解的。但是对于"主体",无论对于财务报表或财务报告,都是与"财务信息使用者"具有同等重要性概念。在最早研究财务报告目标(Trueblood Study Group)时,AICPA理事会要求该小组只研究三个问题:第一,谁是财务信息的使用者?第二,使用者需要什么信息?第三,现在财务报表能提供什么信息,如何克服其局限性?这里似乎出于忽略,漏掉了一个问题:第四,由谁提供财务信息,所提供的信息的边界是什么?

　　Trueblood Study Group 按照前三个问题,通过大量调查研究,召开各种座谈会征求意见,最后形成了FASB据以研究财务会计概念框架的基础文件"财务报表的目标"。可惜对第四个问题没有研究:财务报告即财务信息总是主体提供的,财务报告产生于主体,严格区分该主体的资源、资源所有权和两者的变动不同于主体的所有者,更不同于其他主体,是极为重要的。报告主体理所当然地应提到概念的水平上来研究,过去主体假设研究的有用成果,理所当然地应当并研究概念框架时予以继承和发展。严格来说,报告主体是财务报告目标的组成部分。如果把对投资人、债权人和其他资金供应者提供决策有用信息为目标的中心,那么实际上这个目标只是三角形的一角,而另两角则是信息的提供者(主体)和信息的使用者,见图2-1。

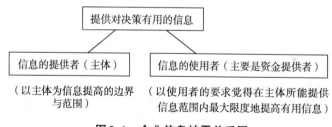

图2-1　企业信息披露关系图

　　报告主体概念不但来自于早期的主体假设,也是财务报告目标所固有的。在原则上,主体假设(概念)基本上由客观环境所决定。因为企业(含企业集团)和其他营利性单位是市场经济中的客观存在,它的变化一般不取决个别使用者(主要是投资人)的主观意志(独资企业除外),而财务报告应提供的信息则应当满足使用者(主要是投资人)对决策有用,但是主观要求不能超越客观的可能,在这个意义上,目标应是主观要求(信息需要)与客观可能性(可能提供的仅限于主体的信息)的统一。

2.4.2 "报告主体"是对"会计主体"概念外延的扩展和内涵的深化

从 20 世纪下半叶开始,不同的国家都对财务会计概念框架进行研究,只是所颁布的公告名称不尽一致,但其实质是相同的,即都是对财务会计和会计准则制定过程中所涉及的一些基本概念进行研究,借以更好地指导会计准则的制定或进行会计实务,为其提供一个更一致的概念基础,并作为评估既有会计准则质量的一个重要标准,指导发展新会计准则。

综观目前各个国家及国际组织的准则制定机构制定的财务会计概念框架,美国、英国及国际会计准则委员会的 CF 更具代表性。按照佩顿(1940)提出的"概念框架应该是连贯、协调、内在一致、完整的理论体系"这一理念,当前的概念框架,不论是 IASB 的,还是 FASB 的,都不够完整,都缺乏财务报表的"列报"和"披露"的相关理论。

21 世纪开始前后,美国连续爆发了一系列重大的财务丑闻,许多国家或组织都对美国 GAAP 规则导向的准则制定方式开始提出了质疑,美国国内也对此产生了动摇。这样,如何提高会计准则的质量,就摆在了财务会计准则委员会的面前。与此同时,世界各个主要国家和组织,包括澳大利亚、欧盟等,纷纷发表声明准备采用(或者准备趋同于)国际会计准则理事会发布的国际会计准则(现更名为"国际财务报告准则")。在 FASB 的声望遭受打击之际,国际会计准则理事会的权威性反而迅速上升。深思熟虑之后,美国 FASB 决心开始全方位介入 IASB 并与之合作,同时 IASB 在其权威性迅速上升之时,要取得更大的成就也必须与 FASB 加强合作。

鉴于 CF 的重要作用,FASB 与 IASB 决定在改进各自现有 CF 基础上,联合致力于制定一份完整的、内在一致的趋同概念框架,并取代各自目前的 CF。趋同的概念框架将为未来制定会计准则提供坚实的基础,对 IASB 取得如下目标是非常必要的:制定原则基础的、内在一致的、国际趋同的会计准则,该会计准则产生的财务报告将为投资者、债权人及其他人士做出决策提供必要的信息。2004 年 4 月,IASB 和 FASB 把概念框架列入双方的联合研究项目,目标是为了建立统一的概念框架的会计准则提供合理的基础。联合概念框架建立在 IASB 和 FASB 已有概念框架的基础上,并考虑了这两个概念框架发布之后的发展。联合概念框架委员会计划分八个主要问题:(1)目标和质量特征;(2)要素和确认;(3)计量;(4)报告主体;(5)呈报和披露,包括财务报告边界;(6)框架目的和它在GAAP 系列中的地位;(7)在非营利组织中的应用;(8)其他问题。但联合概念框架对于一系列的会计基本假设未置可否,当然至今联合概念框架的讨论和制定还在继续。

IASB 和 FASB 联合制定的概念框架于 2010 年 11 月推出第 1 章"通用财务报告的目标"和第 3 章"有用财务信息的质量特征",分别成为 IASB的《2010 年财务报告概念框架》(CF)的第 1 章和第 3 章两章和 FASB 的《第8 号财务会计概念公告》(SFACs)。IASB 与 FASB 把"报告主体"列为他们联合概念框架的第二章,2010 年 4 月推出这部分的征求意见稿,主要研究以下三个问题。

第一,对与财务报告目标有密切联系的"报告主体"进行了定义,这个定义是过去研究"会计主体"的所有文献都不曾提过的。

财务报告既不是只指企业,又不是只指企业集团或其他营利性的法人,而是包容所有这几个代表主体的单位。两个理事会把它概括为:

报告主体是现有及潜在权益投资者、贷款人及其他资源提供者所关注的经济活动的特定领域,而且这些资源提供者不能直接获得是否需要向企业提供资源和这些资源是否被管理层有效利用的决策有用的信息。

这个定义的一个重要特点是,不从法律层面而只从经济层面来定义报告主体。所有的报告主体都是一个经济活动的区域,但它的边界和范围却由现在的和潜在的投资人、借款人和其他债权人的要求,以及该主体也可能提供的、对决策有用的信息范围所界定。因此,这个报告主体定义既包括一切法人企业或企业集团,又包括非法人的主体的特殊分支机构和企业内部有重要特色的分部。

第二,报告主体发展了会计主体的概念。

当一个主体具有主导另一个主体的活动并能从中获得利益(或者止损)的权力时,一个主体就控制了另一个主体。如果主体控制一个或者多个主体,那么该主体就应当编制合并财务报表。

虽然经营主体(会计主体)是财务报告的客观前提,由客观经济环境——主要是由市场经济所决定,但市场经济也在发展变化。这样一来,主体的外延和内涵都会发生变化。从19世纪起,主体与主体的关系就出现一个非常重要的现象,即在公司制下,一个主体能够有权指导并决定另一个或另外若干个主体的财务政策与经营政策,从而为本主体谋取利益或减少风险,这一现象称为"控制"(Control)。主体具有决定其他主体财务与经营的权利,同时因此获得利益,于是控制的主体称为"母公司",被控制的主体称为"子公司",而且这种控制还可能不断扩大深化,形成一个多层次的控制体系,如图2-2所示。

图2-2 企业之间的控制关系

注:图中"→"表示控制。

这样,报告主体就由单一的主体(A、B、C、D、X、Y都是主体)发展为一个除各个单一主体外还有公司集团(图2-2表示有两个公司集团:一个为以 A 公司为母公司,包括 B、C、D 在内的公司集团;另一个是以 C 公司为母公司,包括 X、Y 公司在内的公司集团。后者又在前者的构成中)。

于是,在"控制"概念出现之后,对财务报告的影响是:除各个主体编制自己的财务报表外,两个公司集团还要编制集团的合并财务报表,合并财务报表起因于:(1)由于控制而使某些公司的关系变得复杂起来;(2)必须通过合并财务报表向各公司现有的和潜在的投资人、借款人与其他债权人提供公司集团的财务状况、经营业绩和现金流量,才能有助于投资、信贷和其他资源分配的决策。因此,个别主体发展为公司集团,报告主体的外延扩大为集团主体并产生"控制"与"合并财务报表"等新概念是报告主体近一个多世纪以来的新发展。

第三,在一个主体内部的特殊机构或部门也可作为会计主体。

如果主体的一部分的经济活动能够与主体的剩余部分的经济活动客观地区分,并且与主体该部分有关的财务信息对于是否应向其提供资源是潜在决策有用的,那么主体的这部分可能作为报告主体。

有一些机构或部门,其经济活动明显地不同于其他部门,以至于这些机构或部门的财务信息对于外部资源提供者向主体提供资源的决策特别有用,那么,这些主体内部的特殊经济活动机构与部门也可以视为"报告主体",这就是一个主体的某些部门的内部财务报告可以外部化(构成报告主体全部财务报告的一部分),与前述由于控制必须编制合并财务报表相似,分部报告主体对外呈报的分部财务信息是报告主体内涵的深化。

第五节　小　　结

本章的内容是关于会计主体概念的内涵及其历史发展脉络的梳理,是本书立题的理论基础。

　　会计理论发展到今天,会计主体概念的表述已经简单到只用一句话来概括:会计核算的空间范围。在这个过程中,恐怕丢失了会计主体理念最重要的核心内涵:最初会计核算的主体是独立于所有者和经营者的一个经济主体,它以主体所属的资产产权(权)及偿付义务(责)来界定。

　　为了对这一概念及其所包含的权责界定有一个深刻理解,在本章中,笔者从理论上阐述了会计主体与权责的概念,并分析了会计主体及其权责之间不可分割的内在联系,接着从历史角度细致地梳理了会计主体及其权责思想的产生、形成和拓展。通过历史回顾,笔者得出这样的结论:会计主体假设及权责的界定是市场经济中的主体在进行财务会计核算时应满足的首要条件,政府单位若要建立财务会计,首先面对的就是如何确定政府会计主体(即经济独立的法律主体)的身份及进行界定其权责。

第三章 美国的州和地方政府会计主体理论

本书接下来的两章内容将介绍美国的州与地方政府会计主体理论及确定政府独立会计主体的经济制度。以美国政府会计主体理论作为参考和借鉴对象,笔者是有较为深入的考虑的:尽管在美国联邦政府与州和地方政府各有自己的一套政府会计准则,彼此互相独立,而且只在自身管辖的范围内发挥作用,然而美国的政府会计,尤其是州和地方政府会计,走过的是一条漫长的探索之路:立足于本国的政治经济和社会现实环境,着手解决政府及其财政面临的具体问题。从美国的进步时代直至现在,美国的州与地方政府会计发生了三次重大的改革浪潮,改变了其记账与报告财务状况的方式,并且第三次改革浪潮引领了一波将政府会计改革的世界潮流。但是,美国的州与地方政府会计改革并未停止,还一直处在这一探索性的历史进程中。

国际会计师联合会(International Federation of Accountants,IFAC)已经制定出《国际公共部门会计准则》(*International Public Sector Accounting Standards*,IPSAS),但是到目前为止,IPSAS基本上是对国际企业会计准则稍微修改而成的。这种先制定技术性准则的做法也许是一种淡化差异同时成本较低的路径,但它有一个明显的局限——忽略了各国巨大的基础制度差异。这使得IPSAS在各国的使用受到限制。目前,我国处在改革深水区的复杂的政治和经济环境下,对政府会计进行改革面临的首要问题恐怕是制度变革而非技术问题。考察美国的政府会计主体理论,会发现美国的政府会计理论和实践绝不是一项独立的技术性改进尝试,它构成了美国基本财政与经济制度的一部分,是与社会、经济和政治环境融合在一起的。在此背景下,考察美国政府会计主体理论及其制度环境是更有意义的。由于美国联邦政府的会计改革一直为"三权分立,权力制衡"下的制度权力竞争所主导(陈立齐,2009),更突出其在政治环境影响下的变迁,因此本书作者选择美国的州和地方政府会计改革进行考察。

第一节 美国的州和地方政府

3.1.1 美国的州政府

在中国,地方政府通常是相对于中央政府而言的称谓,是指在国家划分的若干行政区域中,负责某个行政区域事务管理的政府组织的总称,通常简称为"地方"。目前,我国的地方政府包括省级(自治区、直辖市)、市级、县级和乡级四级,每级政府接受上一级政府的直接领导。省级政府直接接受中央政府的领导。

美国是联邦制国家,联邦"就是由联邦政府和五十个州政府构成的国家实体"。从权力主体关系看,联邦与州实则是平等的主体,联邦制的设计初衷在于调配州与联邦的地位,几乎不涉及州以下的地方政府;从权力划分关系来看,最高立法权、司法权、行政权均掌控在联邦政府手中,联邦政府的权力要远大于州政府的权力,但是联邦与州之间不仅仅是权力大于或小于的关系,州也实行"三权分立"的制度,有自己的立法权、司法权和行政权,州在不违反联邦宪法的情况下具有相当独立的自治权力。

3.1.2　美国的地方政府

在美国,地方政府是指州以下的政府单位,其类型主要包括县、市、村、镇、乡、学区、特别区和其他公共管理机构。

3.1.2.1　地方政府的定义

究竟什么是美国"地方政府"的准确定义,可以根据美国统计局所确定的标准进行判断:"一个单位被当作'政府'看待,必须具备三个条件。"

第一,它应是一个有组织的统一实体,拥有其组织机构和某些最起码的权力,如参加协定和拥有财产。

第二,它具有作为公共机构的政府特征,应该是向公众负责的,其官员和职员不是经普遍选举产生的就是由选举出来的官员任命的。

第三,必须拥有管理其自己事务的充分的自由决定权,尤其是为提供经认可的服务而制定预算和征税的权力。

一般而言,地方政府的基本公共服务职能是与居民的生活和生产密切相关的,包括:警察和消防;教育;公共交通、街道和高速公路、机场和海港;排污与固体垃圾的收集和处理;公共保健和医院;公共福利;公园和娱乐;住房、城市修葺和土地使用控制;公共档案和法庭;供水;其他公用事业。

3.1.2.2　美国地方政府的分类

按照美国官方一直沿用的地方政府分类标准(美国统计局),主要包括两大类:一般目的地方政府(General Purpose Governments)和特别目的地方政府(Special Purpose Governments)。

1. 一般目的地方政府

在一般目的政府中,第一类是县(County)。从数量上看,县要比其他类型政府单位建制少,只有康涅狄格(Connecticut)州和哥伦比亚特区

（District of Columbia）没有县，其他48个州均设有县。县是地方政府承载公共服务最重要的单位，美国绝大多数人口的服务是由县级政府提供的。县的存在具有双重角色：一方面，县是执行州政府命令的政治分支，执行州安排的法律执行、公共卫生服务等职能，如选举的统筹、公共交通的管理、人口的统计等；另一方面，县又具有相当高的自治性，根据选民的要求提供治安、消防、垃圾处理等公共服务。

第二类是市（Municipality）。市是州基于地方自我管理，为居民提供基本公共服务而创立的政治性的组织。美国的50个州都设置了市。数量最少的是哥伦比亚特区（District of Columbia）和夏威夷（Hawaii）州，其数量各只有一个；数量最多的是伊利诺伊（Illinois）州，共有2729个市。"超过1.41亿的人口居住在市的辖区内，超过5700万的人口生活在总人口多于10万的城市里。然而，一半以上的市所服务的人口在1000人或者1000人以下，这些地方政府拥有的人口只占美国总人口的3%。"这样，市的存在成为对县所提供的公共服务的有益补充。但是它所提供的服务总量较小，范围也很有限，即使如此，官方还是将市与县一样都归类为"一般目的政府"。

第三类是镇（Town or Township），镇在美国属于较小的地理范畴。在一些州中，镇是最基本的地方政府单位。镇的组成和职责一般是由州立法而定。镇政府最常见的组成形式是由选举的受托人和监管人组成。其最基本的职责则包括道路维护、土地使用规划、垃圾清理等。

2. 特别目的地方政府

特别目的地方政府，则包括以特区（Special Districts）和独立学区（Independent School Districts）为主的多种形态。所有州都设有特别目的的地方政府。

特区是指实现有限目的、具备一定政府功能的地方政府。它们是按照州和联邦立法根据特殊目的而设立的。在沼泽地带有排水区；干旱地带有灌溉区；侵蚀地带有水土保持区；在华盛顿（Washington）、俄勒冈（Oregon）和其他一些州还设立了电力生产和供应特别区。它们与一般目的地方政府不同，没有明确的政治地理界限，但是在特殊情况下其被等同于政府，拥有发债、征税等权力。例如，在加利福尼亚（California）州对大量这样的单位，包括灌溉区、排水区、水土保持区、防洪区、公用事业区、卫生区等组织通过立法予以授权。根据美国统计局的统计，截至2014年，在加利福尼亚州拥有2786个特区。

独立学区是特区中最常见的表现形式，美国共有12844个独立学区，这些学区并不是由州、县、市或镇政府所运营的学区，故称为"独立"学区。它们负责公共义务教育，被美国统计局视为县、自治市、乡镇或州政府的政治分支。

此外，美国地方政府中还存在一种类型——政府实体（Governmental Entity）。有一些研究者将实体视为特别目的政府的一种。这些实体包括运输管理局、桥梁管理局、海湾或港口管理局、机场管理局、公园管理局、大城市开发区、交通管理局等。这些实体承载着与地域经济发展相关的广泛职能。

美国之所以有数量众多且形式多样的地方政府，主要是因为美国近一半的州中都制定了"地方自治宪章"（Home Rule Charters）。公民根据"地方自治宪章"能够选择废除或是创立符合自身需要的政府形式。"地方自治"加剧了地方政府单位中形式的多样性，即使在同一个州内政府形式也会有极大的不同。所以，美国地方政府的数量总是在不断发生变化，总有一些形式的地方政府被创立、被整合、被撤销。

这种在联邦制下州与地方政府高度自治的政府制度安排，解释了美国政府会计改革总是发端于地方政府的缘由。

第二节　美国各州和地方政府会计改革历程

美国政府会计改革由州和地方政府,尤其是市政府的政府会计改革引领,在过去的百年间发生了三次重大的改革浪潮,改变了美国的州和地方政府记录账目及报告其财务状况的方式。

3.2.1　第一次政府会计改革浪潮:关注资产负债表,评估市政府持续运作能力

在进步时代(1890—1920年),美国从农业社会转变为工业社会,随之城市人口不断增长,政府官员普遍腐败渎职,政府支出和税收不断增加,于是工商界发动了建立高效、节约政府的运动。这些工商界人士认为,健全的企业管理方式和良好的会计对于改善政府非常必要。因此,他们招募美国会计行业界富有理想的年轻人,帮助改进市政府的会计实务。19世纪90年代,以纽约市为首的大城市行政机关都建立了以预算约束为主要内容的基金会计和预算会计,在以后的30年间几乎被推广至所有的美国市政机关。

纽约市(在那里,市政府主计长通过选举产生)在政府会计研究方面走得更远,曾任市政府主计长的工商业人士赫曼·梅斯(Herman Metz),建立了纽约市政研究局(The New York Bureau of Municipal Research),并于1913年出版了《梅斯基金会市政方法手册》(*The Metz Fund Handbooks of City Business Methods*)系列丛书。《梅斯基金会市政方法手册》提出政府应该建立"关于商务交易和结果的完整的、可靠的和及时的信息"的会计体系。这一体系可以利用企业会计模式,在确认公共预算是政府财务控制主要工具的同时,特别强调必须评估政府持续运作的能力。这个观点导致了对政府资产负债表的关注,年末资产负债表(或财务状况表)务必提

供对当期结转到下期的资产和负债(留存资本)的连续计量。这种了解市政财务状况的方法与单独的年度预算形成鲜明的对比,预算只关注当期的现金收支。跨期连续会计模式的实施要求有权责发生制会计基础和复式记账,两者过去是(现在仍然是)标准的企业会计做法。另一个建议是将财务资源分为各种基金,以便加强控制。

简而言之,100年前,美国商界名人和会计专业人员参与了公共部门的财务改革。他们推动美国的市政府在基金会计和预算会计的基础上增加了企业会计的做法。这些参与改革实务的人士关注的主要是为加强控制的制度和程序,其目的主要是为了保障财务诚信,正式的准则制定是在第二次改革浪潮中开始的。

3.2.2 第二次政府会计改革浪潮:提出应用权责发生制记账基础

在20世纪30年代的"大萧条"期间,美国财税收入的急剧下降迫使许多市政府不能如约还债和付息,政府官员再次要求财务专家帮助处理严重的财务问题。当时地方政府的会计师已经在1906年成立了一个全国性的组织,该组织后来更名为市政财务官协会(MFOA),以推动市政府实施专业的财务管理。委员会认可采用预算账户记录预计的收入和拨款,以及记录契约责任,主张运用复式记账体系,以及用明细科目账户支持总分类账以便加强财务控制。委员会确定了十种基金以确定市政府的会计分类账户,还要求采用权责发生制会计基础,并建立资产、负债、收入和支出的标准分类。

3.2.3 第三次政府会计改革浪潮:采用完全权责发生制,改进受托责任和透明度

在20世纪70代中期美国爆发了一系列的市政财务危机,从而引发

了政府会计的第三次改革浪潮。这次首先发生在纽约、后又传播到芝加哥和克利夫兰的市政财政危机，有着复杂的政治、经济和社会根源，但是它们有一个共同点：这些城市的政府都没有能够清晰地揭示其财政问题严重程度的财务报告。没有可靠的信息，商业企业、金融机构和会计师事务所提供的财务咨询人员对于诊断问题和提供解决方案无能为力。

经过各方努力，民间和公共部门联合于1984年成立了政府会计准则委员，1986年，美国注册会计师协会承认政府会计准则委员会为州和地方政府制定公认会计原则的权威性。从1984年起，政府会计准则委员会已发布了48项准则，这些准则的广度、深度和主题各不相同。概括来说，这些准则推动了州和地方政府采用完全的权责发生制会计基础，编制政府层面的财务报告。但是，考虑到遵循法律和预算的重要性，政府会计准则委员会仍然要求基金财务报告。

美国政府会计在一百多年间的改革历程，反映着一个与上一章会计主体理论演进一样的规律：会计与政治、经济和社会是交互影响、彼此促进的。从短期或中期来看，会计的进步是对变化的社会环境做出的反映；但是，从漫长的历史进程来看，无论是企业还是政府部门，自下而上地坚持准确的财务簿记、系统的财务管理和开放性的政策和实务，会形成有效、透明、自觉履行受托责任的文化，是以推动社会向前发展。

第三节　美国各州和地方政府记账主体

美国的政治制度是联邦制架构，这对美国的财政体制影响是深远的。美国的联邦制起源于1776年，当时13个英国殖民地宣布脱离英国独立。为了赢得"独立战争"，它们虽然联合起来，但是又不愿意放弃自治权。在宣布独立以后的10年，这些州仅授予联邦政府非常有限的权力,联邦政府依赖各州取得收入,在联邦政府财政急需时要靠它们的仁慈。因此,在1787年,各州代表集会,协议解决财政问题。没想到,代表们起草了一部美国宪法,其中部分条款赋予联邦政府更大的财政权力。根据美国联邦宪法,各州保留所有没有明确赋予联邦政府的权力,其中包括财政事务管理权,以及对本州地方政府的财政监管权。另外,联邦政府拥有自身的预算和财政管理权。联邦政府拥有自己的行政管理机构和管理自身项目的、遍布全国的地区办公室,它不依赖州政府或地方政府筹集税收或管理支出。在联邦、州政府以下是地方政府,包括县、市、镇、学区、特区等。在联邦体制下,联邦、州和地方级政府发挥着不同程度的作用。联邦政府主要集中在经济稳定和财富再分配的职能上,州和地方政府提供许多重要服务,但是它们刺激经济增长和促进就业的作用有限。对于三级政府之间的权责的分配,下一章有专门论述。

3.3.1 作为会计主体的"政府"的定义

政府会计准则委员会制定的公认会计原则是针对政府与非营利组织而制定的,大多数州和地方政府,包括州、县、市、镇和学区等显然是州和地方政府公认会计原则中所指的"政府",但要决定某些非营利组织和其他组织是政府还是非政府却有点困难。于是,政府会计准则委员会和财务会计准则委员会共同确立了一个作为会计主体的"政府"的定义。该定义是在《美国注册会计师协会审计和会计指南》中颁布的,以便帮助从业人员确定某组织是政府还是非政府,从而相应由政府会计准则委员会管辖或财务会计准则委员会管辖。此定义是经政府会计准则委员会和财务会计准则委员会同意,在《美国注册会计师协会非营利和医疗保健审计指南》中使用的州和地方政府主体定义。政府组织包括满足下述一个以上特征的公有公司❶、联合团体和政治团体：

（1）该组织权力机构的多数成员由一个以上州和地方政府的官员选举或任命（或同意）；

（2）具有潜在的将资产转入政府的单方面决定权；

（3）具有税收立法和执行权；

（4）能够直接（而不是通过州或市政府）发行利息免征联邦所得税的债务。

3.3.2　基金与账群

与企业不同，州和地方政府会计要区分报告主体和会计主体。政府会计是以基金与账群作为账务处理的会计主体，而财务报告则要按照报告主体进行披露。因此，会计主体代表的是记账单位，与单个基金或账群相关，而不是与整个组织相关的概念；报告主体是与整个组织相关的概念，包括：（1）基本政府；（2）基本政府对其负有财务受托责任的组织；（3）其他组织，即如果不将它们包括进去就会导致报告主体的财务报表发生误导或者不完整的情况的组织。下面首先介绍基金和账群。

3.3.2.1　基金的概念

基金有时被形象地称为"饼干罐"，它们是财务实体，其中存有财政资源甚至经济资源，同时也是美国政府部门记账的会计主体，具有自己的一套平衡的资产、负债和基金余额。

实行基金会计的传统在美国地方政府具有悠久的传统。纽约市政

---

❶ Black's Law Dictionary 对"公有公司"定义如下："由法人（如市政当局或政府公司）所组建，其目的是管理公共事务。与私营公司不同，其改变或废除公司章程的行为不受保护。州政府按照公共利益设置其部门机构，对其进行控制，并全部或部分由公共基金提供资金支持，由来自于州政府当局的官员进行管理。""公有公司是州政府的一个机构，按照公众利益组建和管理，由公共基金提供支持，并由来自于州政府的官员进行管理。"

研究局于1913年出版的《市政会计手册》已经建议划分资金账户和编制基金财务报表。在1914年出版的《市政会计》一书里，其作者Eggleton就谈到应将基金分为流动基金、资本基金、特殊和信托基金及偿债基金，这个传统一直延续到现在。

使用基金作为记账单位是与美国的财税预算体制相适应的，美国的州和地方政府一直以基金为单位编制预算和进行拨款。同时，税收收入划分为支付本期业务支出（如雇员工资）和资本支出，所以设立流动基金和资本基金，为了提供和保障员工的退休金，《劳工契约》要求政府设立退休金信托基金。政府卖公债时，债权人要求政府设立偿债基金，设定期存款以便支付利息和偿还债务本金。各种特别收入基金的设立是为了分别多类特殊用途的税收、补贴和捐款。例如，洛杉矶市有大约30个特别收入基金。普通基金是一个政府唯一没有被外界限定用途的基金，但是普通基金的使用也需要依法拨款。总之，多数基金的设立都是由于立法机构和外部权益相关者为了确保公共财政资源将用于预定目的而施加的限制。

基金概念涉及的是资源在会计上的分离，而不一定是资源在物理上的分离。不过，实际上资源在物理上也经常加以分离，如不同基金的现金资源会采用不同的支票账户。因此与作为单一会计主体来反映的私有企业不同，政府单位是通过建立许多独立的基金和账群主体来反映其运营，每个主体反映特定的资产、负债和权益或其他余额。所以，从会计核算和财务管理的角度来看，政府单位是由许多截然不同的财务和会计主体组成的混合体，每个主体都拥有一套科目，并独立于其他基金和账群而发挥作用，见图3-1。

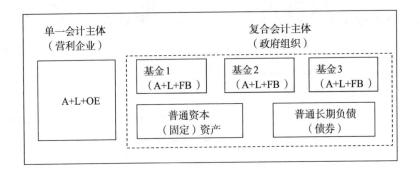

图3-1　政府组织基金主体与企业账户设置的区别

注：A指资产；L指负债；OE指所有者权益（企业）；FB指基金余额，或者净资产或基金权益；----：政府整体。

3.3.2.2　基金的分类

在政府会计中使用以下三种类型的基金。

1. 政府基金

政府基金又被称为"来源与运用基金""可消耗基金""政府型基金"，大多数是指那些典型地依靠政府职能筹措的基金。政府可消耗财务资源和相关流动负债的取得、使用和余额（除了那些在权益基金中处理的以外），都通过政府基金（普通基金、特种收入基金、资本项目基金和偿债基金）处理。政府基金本质上是对财务资源的会计划分。可消耗资产按照它们可能或必需的用途分配给各种政府基金；流动负债划分给那些负责偿还它们的基金；政府基金的资产与负债之间的差额，即基金权益，被称为"基金余额"。

政府基金计量的核心是确定财务状况和财务状况的变化（来源、使用和财务资源的余额），而不是确定净收益。收入、支出和基金余额变动表是基本的政府基金运营报表。该表可以由一些更为详细的收入、支出、转账和其他基金余额变动的附表加以充实和补充。

2. 权益基金

权益基金又被称为"收入确定基金""不可消耗基金""商业型基金"。用于处理政府部门中那些经常出现在私立单位(企业基金和内部服务基金)中的类似的持续经营的组织和活动。与政府部门的商业和准商业活动(在这些活动中,要计量收入净值和资本保持状况)相关的所有资产、负债、权益、收入、费用和转账,都在权益基金中处理。这里,公认会计原则就是适用于一般私立单位类似业务的会计原则,这一点在《权益活动会计和财务报告》中有所规定;计量的重点是确定收入净值、财务状况和现金流量。但是,如果公认会计原则发布了适用于那些会计主体和运营活动的公告,那么,这些会计主体和运营活动业务应当以公认会计原则公告指导。"医院""高等院校""医院和其他医疗服务机构""公共福利企业和机关""公用事业",都列举了适用于那些会计主体的公认会计原则公告。

3. 信托基金

信托基金又被称为"信托""代理基金"。用于处理某一政府单位以受托人身份或代理人身份为公民个人、民间组织、其他政府单位以及(或)其他基金所持有的资产。每个托管基金都依据会计计量目的进行归类,如政府基金或权益基金。可消耗托管基金实际上是按照与政府基金相同的方式来处理的。不可消耗托管基金、养老托管基金和投资基金实际上都是按照与权益基金相同的方式来处理的。代理基金纯粹是代为保管的(资产等于负债),所以代理基金不会涉及业务活动成果的计量。

3.3.2.3　账群

为控制政府普通固定资产和普通长期负债的经管责任,通过第四类会计主体,即"账群"来实现。

账群用于建立对政府的普通固定资产和未到期普通长期负债本金

的会计控制和经管责任,包括政府以某种方式负有责任的特种税捐负债(普通固定资产和普通长期负债账群)。政府普通固定资产(除那些在权益基金或托管基金中处理之外的所有固定资产),不是可用于支付的财务资源。除在权益基金或托管基金中处理的长期负债之外,未到期普通长期负债本金也不需要在当期(利用财务资源)进行拨款或支付。因此,这两者都不在政府基金中处理,而是在自相平衡的账群中处理。这些账群不是基金(它们不反映可使用的财务资源和相关负债),而是普通固定资产和普通长期负债各自的会计记录,以及相关的信息。

对于一个来自法律意义上的主体政府来说,期末的财务报表既要提供包括政府层面财务报表,又要提供基金财务报表作为它的基本财务报表。两种报表从不同的角度揭示了政府的财务状况和运营结果。政府层面的财务报表有两张,即净资产报表和业务表。基金财务报表按照基金的不同性质各有不同,对于重要的基金要单独列示,对于不太重要的可以联立列示。

第四节　政府财务报告主体

尽管美国的州和地方政府每年都发布详细的基金财务报表,但是太多的基金使人们很难简便地对政府所拥有的资源和义务有一个全面的了解,这为政府综合财务报告编制提供了巨大的需求。美国的州和地方政府财务报告体系,在1994年、1999年由政府会计准则委员会分别颁布的第14号公告《财务报告主体》和第34号公告《州和地方政府基本财务报表及管理层讨论与分析》,具有非常重大的意义。它不仅对政府的活动统一采用权责发生制进行报告,而且在以基金为会计主体的基础上,发展出政府报告主体的概念,将公众的关注从各种基金的运营转变为关注整个政府报告主体的财务状况和运营结果上来了。

3.4.1 财务报告主体的范围

3.4.1.1 财务报告主体范围的规定

美国的州和地方政府财务报告主体不能仅限于法律实体,还必须包括其他政府组织、准政府组织甚至是非政府(私立)组织。政府如果拥有在法律上独立而又与其相关的组织,则它必须决定除了其本身的法律实体之外,是否还应该把一个或多个关联组织(称为潜在的组成单位)包括在其报告主体之中。政府会计准则委员会要求将某些关联组织作为组成单位包括于政府的报告主体中。政府法律实体称为"主体政府",包括了关联组织的政府称为"财务报告主体"。

14号公告指出,财务报告主体由以下部分组成:(1)主体政府;(2)主体政府在财务上对之负责的组织;(3)其他的一些组织,它们与主体政府的关系在性质以及重要性上决定了如果缺少它们的加入,则会导致报告主体的基本财务报表产生误导或不完整。

3.4.1.2 财务报告主体范围的确定

1. 关于主体政府的身份

根据委员会发布的《政府会计准则委员会准则汇编》,每个通用目的政府单位(也就是州政府、县政府、市政府等)都是主体政府。对于特殊目的政府(如学区)来说,如果它们满足以下条件,则也是主体政府。这些条件是:

(1)它们的管理机构是通过民众选举产生的;

(2)它们具有独立的法律地位;

(3)它们在财务上是独立的。

那些不是主体政府的政府组织,则应像主体政府一样,确定其报告主体,并将其组成单位纳入综合年度财务报告中。

2. 关于财务上独立的实体的归属

如果一个组织在法律上是主体政府的一部分,就被定义为主体政府的一部分。如果主体政府对某潜在组成单位负有"财务上的责任",则主体政府的报告主体应包括该潜在组成单位。主体政府对潜在组成单位负有"财务上的责任",是指潜在组成单位在财务上依赖于主体政府。根据政府会计准则委员会的准则,如果一个实体无须获得其他实体实质性的批准,就可以从事下列事项中的任一项,则该实体在财务上就是独立的。这些事项是:

(1)建立预算;

(2)征税,或制定税率或收费标准;

(3)发行债券债务。

3.4.1.3 关于财务上独立的实体的实质性控制

但如果一个主体政府对上述活动中的一项或多项拥有实质上的控制权,则认为该实体在财务上依赖于主体政府。

即使其他组织在财务上是独立的,主体政府也可能对这些组织承担有"财务上的责任"。对于财务上独立的组织来说,如果同时满足下列两个条件,就表明存在"财务上的责任"。

(1)主体政府可以任命(或有权指定)代表潜在组成单位管理机构的多数投票权的人员,或者创立了该组织,并有权单边决定取消该组织。

(2)主体政府有能力将自己的意愿强加给潜在组成单位,或由于该潜在组成单位而有可能获得特定财务利益或承担特定财务负担。下面总结了"强加意愿的能力"和"财务利益或负担"的标准。如果主体政府实质上拥有如下权限,则认为主体政府有能力将自己的意愿强加给潜在组成单位:

(1)可以任意撤销已任命的管理机构成员的职务;

(2)批准潜在组成单位的预算或要求对其进行修改;

（3）批准那些对潜在组成单位的收入产生影响的费率或要求对其进行修改否决、驳回或修改管理机构的其他决定；

（4）任命、解雇、再委派或解散潜在组成单位的管理人员；

（5）采取其他可表明其有能力将自己的意愿强加给该组织的行动。

如果主体政府符合以下条件，则认为存在财务利益或财务负担关系：

（1）无须解散实体，就可以获得实体的资源；

（2）依法或有义务为潜在组成单位弥补赤字或提供财务支持；

（3）有义务以某种形式对潜在组成单位的债务负责。

如果主体政府对其关联组织在财务上负有责任，则该关联组织就是主体政府报告主体的组成单位。除此之外，《政府会计准则委员会第39号公告》"财务报告主体——关联组织"（The Financial Reporting Entity - Affiliated Organizations）指出，组成单位就是与主体政府有关联的、在法律上独立的免税实体，如果主体政府有权获得组成单位的大多数资源，并且可获得的这部分资源对于主体政府来说是重要的，则组成单位的经济资源全部（或几乎全部）使主体政府报告主体或其选民直接受益。对于营利组织而言，如果政府拥有大部分所有权，其目的在于直接方便政府服务的提供，则该组织也是组成单位。如果有其他主体是避免报告主体财务报表被误解或不完整所必需的，则应将这些主体作为组成单位处理。

3.4.2　财务报告主体中组成单位的列示方式

在将组成单位的数据合并纳入主体政府综合年度财务报告的过程中，"混合列示"和"分开列示"是两种常用的方法。混合列示是把组成单位作为主体政府完整的一部分来报告，并将组成单位的基金和活动作为主体政府的基金和活动报告。混合列示的组成单位既包括在政府层面财务报表中，也包括在基金财务报表中。而分开列示方法则对组成单位的信息和主体政府的信息做了仔细区分,分开列示的组成单位仅包括在政府层面财务报表中。每个组成单位适用的方法取决于该组成单位在实质上是不是主体政府的一部分。

只有在组成单位实质上是主体政府的一部分时,才使用混合列示法。组成单位必须满足以下条件,才算在实质上是主体政府的一部分。

(1)组成单位的管理机构与主体政府的管理机构实质上是同一个。(实质上,是同一个管理机构意味着主体政府管理机构中,至少有代表多数投票权的成员在组成单位管理机构中任职,并且在组成单位管理机构中也构成多数投票权)。

(2)仅对主体政府提供服务(意味着只对政府本身提供服务,而不对其选民提供服务)。

(3)主体政府是唯一的受益人,即使组成单位未直接向主体政府提供服务。

实质上是主体政府一部分的组成单位的财务数据,与主体政府法律实体(指在法律意义上是主体政府一部分的所有实体)的财务数据混合在一起。而其他的所有组成单位,即在实质上不是主体政府一部分的组成单位,应该分开列示。《政府会计准则委员会第39号公告》对满足要求纳入报告主体的组成单位进行分开列示做了明确规定。报告主体是指主体政府(包括其混合列示的组成单位),以及所有分开列示的组成单位。

3.4.3 综合财务报告的内容

综合年度财务报告应该涵盖主体政府(包括其混合列示的组成单位)的一切活动,同时应提供报告主体所有分开列示的组成单位的总体情况信息。该报告应包括以下8个部分。

(1)介绍部分;

(2)管理当局讨论与分析;

(3)基本财务报表,包括政府层面财务报表、基金财务报表、财务报表附注;

(4)管理当局讨论与分析以外的其他必要补充信息;

(5)适当的联立基金报表和个别基金报表;

(6)附表;

(7)陈述性说明;

(8)统计部分。

报告主体的"政府层面财务报表"应该提供有关报告政府作为一个整体的信息。报表中既要对主体政府和分开列示的组成单位进行区分,也要对主体政府的政务活动和商业活动进行区分。报告主体的"基金财务报表"应该单独提供主体政府(包括混合列示的组成单位,这些单位在本质上是主体政府的一部分)的主要基金的信息,汇总反映非主要基金的信息。(信托代理性质的基金和组成单位只要在信托代理净资产报表以及信托代理净资产变动表中报告。)

财务报告主体的核心通常是主体政府。但是,当一个主体政府以外的政府组织(例如,一个组成单位、合资企业、共同管理组织或其他独立的政府)在公布其独立的财务报表时,它就成了该报告主体的核心。对于所有这些主体,"财务报告"的规定应该自下而上逐级适用。对于每一级主体,相关的定义和列示规定都应该先在本级应用,然后再纳入上一级报告政府的财务报表中。

第五节　小　　结

美国的政府会计主体理论在以基金为记账主体的基础上,为了更全面综合地向公众传递政府实体的财务状况和运营信息,发展出以整个政府为报告对象的财务报告主体理论,使得各级在法律上独立的政府实体得以向公众展示自身所控制的资产,以及所负担的债务和净资产余额。

需要思考的问题是:为什么美国政府综合财务报告的编制只是政府会计本身的改革,根本无须触动整个财政体制? 这恐怕是因为美国政府间的权责分配关系原本就已被法律做出了清晰的界定,因此各个政府主体所属的资源、负债、净资产、收入、费用也都是清晰的。即便是最有可能引起社会负面影响和纠纷的负债,也都有相应的机制和《破产法》予以约束和规范。

而在中国,中国政府面临着需要向社会提供综合财务报告的情况下,政府间的权责分配制度尚不明朗,我们应该如何借鉴美国的经验? 在考察了美国政府财务报告主体理论之后,还应该进一步考察形成政府主体间清晰权责的财政体制,以及在这一体制基础上形成的负债约束机制与破产法规,这便是下一章的内容。

第四章 财政分权理论与美国政府间权责的分配

合理的政府间财政关系,是涉及一个国家政治与经济发展的重要议题。古今中外,各种政府间财政关系的调整基本上都是围绕着集权和分权展开的。世界各国关于财政分权的实践由来已久,美国在建国之初建立的联邦制就是典型的分权体制,然而财政分权理论是在1956年美国经济学家蒂博(Charles Tiebout)发表《地方支出的纯粹理论》之后才逐渐走向成熟的。此后,西方学术界围绕财政分权是否有利于提高公共资源配置效率,是否有助于限制政府规模,财政分权对政府间职能分配如何影响等问题展开了激烈的争论,并产生了一系列理论成果。

第一节 政府分权理论

4.1.1 财政分权与公共资源配置效率

政府承担着配置公共资源、提供公共产品的职能。公共产品的供给数量与产出水平直接涉及与其外部性相关的偏好显示、"搭便车"、策略性行为等问题。近百年来,经济学家为解决这些难题,贡献了许多真知灼见。例如,庇古(Arthur Cecil Pigou)的边际效用理论,林达尔(Erik Lindahl)的自愿交换理论,道尔顿(Howard Dolton)的最大社会收益原则,萨缪尔森(Paul Samuelson)对公共产品配置进行的一般均衡分析,等等。博弈论得出的结论是依靠私人自愿供给,公共产品的供给量无法达到社会最优供给量。此外,公共选择理论还从政治途径和政治程序角度,探讨了公共产品的供给。但是,政治方法同样会遇到无法解决的问题。根据公共选择学派的研究,通过居民投票的民主方法来确定公共支出水平,可能会导致公共支出的过快增长。

以上各种关于公共产品供给的观点都有一个隐含的假设,就是把政府当作一个整体,没有区分政府的层次,因此也就忽略了政府层级对公共产品供给的影响。然而,公共产品除了本身具有的非排他性和非竞争性之外,还具有地域性特征,即不同的公共产品其受益范围也不同。因此,根据不同的受益范围,应当由相应层级的政府来提供不同的公共产品。财政联邦主义中关于财政分权的文献对此进行了分析,并给出了理论解释。

在西方学术界,财政联邦主义是研究政府间财政关系的重要流派。该学派的核心观点是:中央政府与地方政府的职责分工是必需的。各级政府的使命并非在于完成所有的公共职能,而是发挥各自的优势,执行其中一部分职能,形成中央与地方优势互补的政府体系。在联邦体系中,中央政府只负责全国公共产品的提供,地方政府则根据当地居民的需求,决定公共产品的供应,中央政府无权干涉地方政府的财政决策。

财政联邦主义认为,通过财政分权分散化地提供公共产品具有显著的优势。第一,地方政府可以更切实地了解本地居民多样化的偏好,从而更好地满足居民的需求。由于信息约束的限制,由中央集权政府统一提供公共产品是很难满足居民多样化的需求偏好的。第二,由地方政府分散化地提供公共产品可以提高供给效率。地方政府面临选民用手投票和居民用脚投票的双重压力,地方政府之间在提供公共产品上也存在竞争关系。第三,地方政府在公共支出决策中,能够根据本地的资源状况,掌握支出项目的真实成本,从而提高决策的合理性。这些都促使地方政府能够采用最有效的手段来提供公共产品,提高供给效率。

4.1.1.1　蒂博的分权模型与用脚投票理论

最早在这方面做出开创性贡献的是美国经济学家蒂博,他在一系列严格的假设条件下提出了财政分权模型。蒂博认为,在人口流动不受限制、存在大量辖区政府、各辖区政府税收体制相同、辖区间无利益外溢、信息完备等假设条件下,由于各辖区政府提供的公共产品和税负组合不尽相同,所以各地居民可以根据各地方政府提供的公共产品和税负的组合,来自由选择那些最能满足自己偏好的地方定居。居民们可以从不能满足其偏好的地区迁出,而迁入可以满足其偏好的地区居住。

形象地说,居民们通过"用脚投票",在选择能满足其偏好的公共产品与税负的组合时,展现了其偏好并做出了选择哪个政府的决定。尽管蒂博的"用脚投票"模型是以一系列严格的假设条件为前提,对现实的解释还存在一定的距离,但正如德裔美国财政学家马斯格雷夫(Richard A. Musgrave)所言,模型中的受益范围与财政辖区空间安排的配合提供了一个效率规则,也提出了一个类似市场的实施机制,解决了公共产品供给中的难题。

该模型有两点独到之处:

第一,财政分权是实现公共资源有效配置的可能途径。在模型中存在大量辖区政府,这些政府可以提供不同的公共产品与税负的组合,居民可以自由流动,在迁徙的过程中显示其偏好并找到适合的消费组合。公共产品供求均衡的形成不再受限于个人的偏好是否可以被观察到,因为用脚投票既能使居民显示其偏好,又能满足其多样化的偏好。

第二,财政分权中政府间的财政竞争提高了公共产品供给的效率。在蒂博模型中,居民就像购买商品的消费者,他们的自由选择可以最大限度地满足自己偏好的公共产品并为此纳税,从而解决了公共产品供给与公共支出融资的问题,实现了公共资源的均衡配置。

蒂博模型说明政府层级对公共产品供给具有显著影响,由地方政府分散提供公共产品不仅可行而且有效。因为用脚投票的结果是具有相同偏好的居民聚集到了同一辖区内,实现了公共资源的最优配置。此外,居民的迁徙也向辖区政府发出了取舍的信号,尽管任何一个地方政府因为公共服务低效而失去所有居民的信任的可能性微乎其微,但这种类似市场竞争的机制将促使各辖区政府采用各种财政手段,竭力提供最佳的公共支出与税负的组合,以避免那些具有较高税收负担能力的居民和掌握经济发展所需资本的投资者离开,从而吸引发展本地经济所需的各种资源。该模型为财政分权和财政竞争提供了坚实的理论基础。此后,大量关于财政分权和财政竞争的文献涌现出来。

4.1.1.2　对蒂博模型的拓展

1. 信息经济学的解释

信息经济学一般是从信息的完备程度和激励约束角度,对财政分权有助于提高公共资源配置效率的观点予以阐释。美国经济学家施蒂格勒(George Stigler)认为,与中央政府相比,地方政府更接近本地居民,更了解辖区内选民的效用和需求。同时,在一个国家内,不同的人们有权对不同数量和种类的公共产品进行投票选择。人们在某一区域工作和居住,接受当地政府的管辖,是因为当地政府提供的公共服务与税收组合符合自己效用最大化的目标。从长期来看,用脚投票将使整个社会的福利最大化。

美国学者特里希(Richard W. Tresch)从信息不完备和不确定性的角度,提出了偏好误识理论,质疑中央政府对社会福利函数的了解,以此论证财政分权的合理性。他假定某一个社会提供的公共产品只会让一部分人受益,人们在经济活动中并不具有完全和确定的信息,而且总体上人们是风险回避型的。在不完全信息条件下,中央政府在提供公共产品的过程中失误的可能性很大,地方政府相对于中央政府更了解本地居民的消费偏好。厌恶风险的居民更倾向于让地方政府来提供这些公共产品。

随着信息经济学的发展,人们对政府决策所面临的不确定性和信息约束有了更深刻的认识。可以说,各级政府间的财政分工正是人们弥补中央政府在复杂性和不确定性面前理解力和计算力不足的必然选择。诺贝尔经济学奖得主哈耶克(Friedrich Hayek)的有关论述,有助于从认识论的角度来理解财政分权。任何人都不可能获得所有关于其他人需求的完备知识,在某些特定的问题上,最终的判断只能依靠个人的自由选择。所以,不能依靠一个集权的中央政府来处理社会经济事务,必须把决策权赋予那些最熟悉特定情况的行为人。这些分析为财政分权提供了认识论基础。

2. 奥茨(Wallace E. Oates)的分权定理

从居民偏好的表达途径来看,财政分权有着明显的优势。如果一个国家只由中央政府提供公共产品,那么满足居民需求偏好的途径只有直接民主制或代议制,也就是用手投票。而在中央政府和地方政府分工提供公共产品的条件下,满足居民需求偏好的途径除了以手投票的政治途径之外,还有用脚投票的自由选择方式。此时的地方政府不仅需要争取选民的政治选票以继续执政,而且还需要争取居民的货币选票,以缓解地方政府本身存在和运转的压力。因此,地方政府比中央政府具有更大的改善公共服务的积极性。

奥茨比较了由中央政府集中供应和地方政府分散供应公共产品的效率,提出了分权定理。他得出的结论是:中央政府只应提供具有广泛偏好的相同的公共产品。如果人口的异质性很强,需求偏好的差异性很大,那么地方政府在公共产品供给上的效率优势就更加明显。

3. 埃克斯坦（Peter Echestern）的受益分权原则

美国学者埃克斯坦提出了受益分权原则。他认为应当根据公共产品的受益范围，有效地划分各级政府的职能，并以此作为分配财权的依据。因此，那些有益于全体国民的公共产品应当由中央政府来提供，一些虽然只有利于某一阶层或某些人，但对全社会和国家的发展至关重要的公共产品也应由中央政府提供，如对适龄儿童的义务教育、对特困地区和受灾地区的专项补助等。但是，为了维护局部利益，地方政府也应具有一定的职权和财力。

根据上述分析，我们看到了财政分权对于提高公共资源配置效率的积极意义。但是，如果财政分权本身并没有提高公共资源的配置效率，那么还有必要进行财政分权吗？关于这些问题的研究可以使我们更加全面地认识财政分权现象。

4.1.2 财政分权与政府间职能的分配

根据财政联邦主义的理论，政府的公共财政职能除了资源配置之外，还要承担收入再分配和稳定宏观经济的职能。如何在中央政府和地方政府之间分配这三项主要职能？财政分权是否能发挥积极的作用？同政府职能相对应的税收权力的划分应如何确定？这些都是值得探讨的问题。

4.1.2.1 收入再分配职能的分配

财政联邦主义认为：中央政府应负责宏观经济的稳定并对收入进行再分配，也就是提供全国性的公共产品；地方政府的经济职能在于保证受益面局限于特定区域或部分人口的公共产品（地方性公共产品）的提供。相当多的财政学文献认为，收入再分配是中央政府的基本职能。因为根据"用脚投票"的假设，分权后的收入分配对地方政府而言，效果适得其反。例如，对于一个实行对富人征收高额所得税、对穷人给予高福利的收入分配政策的地区,富人将用脚投票,离开对他们征收高额所得税的地区,而穷人将从其他福利水平较低的地区迁入其结果将是,该地区税基减少,穷人的福利也会下降,地方政府的政策初衷无法实现。

然而,休厄尔(David O. Sewell)指出,现实并非完全符合蒂博模型的假设,再分配政策经常被分权后的各级地方政府采用。例如,许多国家把一些具有复杂的再分配功能的管制政策分派给地方当局,如土地使用、租金控制等。公共保健、基础教育、供水、住宅和公共交通等在许多国家也被分派给地方政府来实施,这些公共支出具有重要的再分配功能。在较贫穷的国家,这些公共服务往往是给予贫困家庭的唯一的转移支付。这种情况在发达国家也不例外。如在斯堪的纳维亚国家,地方政府的规模较大,原因之一就是它们承担着收入再分配的职能。在丹麦,地方政府支出占全部政府支出的一半,占其国内生产总值的1/3,其中社会治安和福利支出超出地方政府预算的50%。

显然,收入再分配职能应该属于中央政府还是地方政府,目前尚无定论,很大程度上取决于各国的国情。目前,西方国家出现的福利政策分散化的趋势引起了学术界的重视。例如,美国自1996年实行分散化的福利政策后,各州在制定帮助穷人的福利政策方面拥有很大的自主权。但是,由于存在大量福利移民现象,各州出现了降低或者不再增加福利支出的趋势。因此,美国加州大学教授布吕克纳(Jan K. Brueckner)认为,如果现有的福利制度会导致福利支出的严重短缺,那么医疗补助和社会福利等支出可能重新回归联邦政府。然而,奥茨认为,分散化的社会福利体制的缺点,可以被当作放弃效果不佳的联邦福利项目、寻求更优政策选择的一种代价,可以接受各州在福利支出方面的下降趋势(the downward bias)。他断定,在一个"边干边学"的信息不完全的体系中,在各种解决社会经济问题的政策实践中存在着潜在收益。联邦体系可以提供一些真正的机会以鼓励这样的实践,从而推进公共政策的"技术进步",

他称地方政府的政策实践是"实验室的联邦主义"。

4.1.2.2　稳定宏观经济职能的分配

稳定宏观经济被认为是中央政府与生俱来的职责,一方面是因为地方当局缺乏或根本没有实施稳定宏观经济政策的动机;另一方面是因为地方政府也缺乏实施稳定宏观经济政策的手段。加拿大学者伯德(Richard M. Bird)的研究表明,在一些联邦制国家,相当部分的中央财政收入通过政府间转移支付给予各级地方政府,多层级政府体制给实施宏观经济管理带来了困难,财政分权使宏观经济政策更难以实施。在某些发展中国家,各级地方政府对国家财政十分依赖,它们往往被看作是中央政府的一部分,而不是独立的行为主体,特别是当地方政府没有刚性的预算约束时,机构膨胀的趋势尤为明显。地方政府往往容易产生收支赤字并大量举债。因此,短期的宏观经济管理就需要对地方政府的赤字进行有效的制约,使其与国家经济的增长、通货膨胀和收支平衡等目标保持一致。

休厄尔的研究表明,财政分权在反经济周期的政策上具有一些重要的作用。当宏观经济受到冲击,比如能源价格上涨时,一个国家的不同地区就会受到完全不同的影响,分散化的地方政府可以根据本地情况进行处理,而中央政府则很难根据各地区的特殊情况实施差别性的政策。另外,各地方政府还可以通过使用稳定基金,对反周期政策做出贡献。一些发达国家的经验表明,财政分权并没有破坏宏观经济稳定。例如,在加拿大,地方政府预算的增长就产生了稳定经济的作用。如健康和教育支出通常由地方政府承担,这些支出具有稳定的周期性,它们充当着自动的稳定器。然而,需要指出的是,地方政府在稳定宏观经济中的作用空间相当狭小,因此,稳定宏观经济的职能主要还是应该由中央政府来承担。

4.1.2.3　政府间税权分配

履行政府职能需要足够的财力保证,税收就是政府收入的主要来源,因此,政府间税种和税权的配置同样是财政分权中十分重要的议题。传统的财政联邦主义理论已发展出一套"税收分派规则"(Tax Assignment Rules)。这些原则涉及宏观经济稳定、收入再分配和资源配置等各个方面中央与各级地方政府的职能。如稳定宏观经济的目标要求中央政府控制某些税收工具,这些工具可能对中央预算赤字或通货膨胀产生影响。因此,进口税、相当份额的所得税、普通销售税,都应由中央政府管理。

以上文献综述大致勾勒出当代西方财政分权理论的轮廓,下一节考察分权理论所根植的经济社会及其具体的实践,使我们对分权理论有个全面理解。虽然国情的差别决定了不能照搬这些理论,但这些理论的探讨为深入认识财政分权的利弊,以及如何设置合理的政府间财政关系提供了具有参考价值的理论依据,同时也为审视中国的政府间财政关系提供了一个参照系。

第二节　美国联邦制下政府间的权责分配

4.2.1　不同层次政府的经济社会目标

美国是一个法治传统十分深厚的国家,自其发展的开端,便以宪法立国,在形成稳定的联邦制后,政府分为联邦、州和地方政府(含县、市、镇等)三级。宪法规定联邦和州分权,联邦政府和州政府在宪法规定的权限范围内享有自由行动的权力。各州与县、市、镇政府的法律、法规,也先成型,并得到了逐步地补充、完善。州宪法规定州和地方政府的分权,各级政府的权力内容,必须以法律上所确定的条文为依据。法律规定着、保障着、制约着政府的权力边界、活动范围与行为方式,包括政府财政系统的运行。与美国的总体经济制度模式相适应,政府不介入一般营利性企业的活动。由于职责所在,政府集中于不能由市场有效提供的公共管理和公共物品(public goods)的运作,其中包括行政、国防、外交、社会治安、社会福利、公共基础设施等。政府对于总体上由市场导向的国民经济运行,加入了若干积极的国家干预,以实现某些特定的社会及经济目标。财政在此方面具有重要的作用。

政府的特定目标可认为包括相互关联又相互区别的两大方面:(1)维持社会、经济生活的必要的稳定与秩序;(2)促使各项发展从经济上衡量能够"有效率"地进行。前者可简称为"稳定",它较多地关联于公平分配原则和公共物品的一般运用;后者可简称为"效率",它较多地关联于激励原则和公共物品的某些有区别性的运用。在美国的分级财政体制中,各级财政都兼顾这两个目标,但联邦政府相对侧重于前者,地方政府则相对侧重于后者。这无疑适应了联邦政府更充分了解最为宏观的一般稳定要求和地方政府更易于了解因地制宜区别对待的具体要求的理论及现实情况。

例如,联邦政府公债在公开市场上的发行,在筹集资金的同时主要着眼于调节整个经济的银根松紧状态(与货币政策相配合);而地方政府公债则主要着眼于筹集资金以支持其地方性社会经济发展中某些特定项目的建设,有些地方公债还要由所支持项目建成后的收益来归还。在联邦政府支出中,为维护社会稳定而实行的对个人的直接优惠性支出占了最大比例;其中包括一系列关于社会福利和社会保障的项目,如对老年人、残疾人的医疗保健与收入保障,对退休人员、失业人员及其他们所赡养人口的收入保障,对低收入人口的住房与食品补助,以及对退伍军人的医疗、补助与再培训,等等。还有与稳定问题联系密切的对农业的价格支持、信贷和收成保险项目,对部分城市社区与农村区域发展的支持项目,对灾害地区居民的救济项目等。而在州政府、地方政府支出中,基础设施与教育、文化服务等项目则成为重点,地方性的发展可以更为突出效率原则地放手去办,地方性的服务可以较多地从经济的角度考虑而因地制宜。甚至消防、警察系统的编制、设备等,也大都要从本地财力出发"量力而行"。越是靠近政府系列下端的层次,侧重于效率的倾向越突出,而把调节地区间差异(发展不均衡)所产生问题的责任交给联邦政府和州政府,通过对地方的有区别的补助等来加以履行。

4.2.2　政府间事权与支出责任的法律界定

4.2.2.1　政府间事权的划分

政府职责在不同层次的政府之间,以法律为基础做了比较清晰的划分。与各级政府的事权相应,确立了各级政府的财权与财政系统财力配置的格局。

1. 联邦政府的事权

根据美国《宪法》的规定,联邦政府行使两类权力:一是《宪法》明确授予的权力,即《宪法》第一条第八款所列举的十八项权力,也即通常所说的明示权力;二是根据联邦最高法院对最后一项权力,即国会"为执行上述权力及《宪法》赋予合众国政府或其他部门官员的所有其他权力,制定所有必要与合适之法律"的解释,联邦政府还行使从授予权力中引申出来的权力,即默示权力。

概括起来,联邦政府的权力主要有:征税;以合众国的信用借贷;调节国际、州际以及和印第安部落之间的贸易;制定全国一律的入籍法规及破产法;铸造钱币并调节其与国外货币之价值,制定度量衡;设立最高法院以下的法院;招募并供给陆军;装备海军并供给军需;制定关于政府组织之法规及陆海军组织之法则;抵御外侮等。

2. 州政府的事权

美国《宪法(修正案)》第10条规定:"宪法既未委代给合众国、亦未禁止各州(使用)的权力,分别被保留给各州人民。"因此,各州所行使的权力为"保留权力",范围相当广泛。州的权力到底有哪些?美国《宪法》并无具体规定,而由各州宪法进行规定,州宪法只要不与联邦宪法抵触即可。一般说来,州政府的权力主要有:制定州宪法;管理州内工商业、道路、卫生、教育、公安、选举等事务;审理一般民事和刑事案件;建立和监督地方政府等。

3. 联邦与州共同享有的事权

联邦和州除了各自享有的专有权力外,还享有一些共同的权力。这些权力包括:征税;借款(发行公债);设立银行和公司;设立法院;制定和实施法律;为公共目的而征用财产;举办公共福利。

4. 地方政府的事权

地方政府的权力是由州宪法和相关法律规定的,其主要职责是负责地方行政管理、治安、消防、交通管理、公用事业、地方教育、地方基础设施建设与管理等。

4.2.2.2 政府间支出责任的划分

与职责权力的明确划分相一致,美国的联邦、州和地方财政的支出责任也有明确的分工,每级政府都有相对独立的支出决定权。

通常,联邦政府主要负责全国性公共产品方面的支出,主要包括以下项目:国防;国际事务;空间技术;大型公共工程;农业补贴;社会保障;联邦行政管理费用、联邦债务,以及对若干大类研究、发展项目的资助(包括科技、能源、环境、农业、住宅、交通、教育、就业、保健等方面)等。其支出的重点是国防、邮政服务、社会保障和医疗保险项目,这方面的支出全部由联邦政府提供资金。退伍军人福利差不多全由联邦政府负责。

州政府主要负责州级行政、州社会福利、州教育、州债务、彩票,以及若干类的基础设施等(依各州的法律规定而有一定的区别)。

地方(县、市、镇等)政府主要负责地方级行政、治安、消防、交通管理、公用事业、环卫、家庭和社区服务、某些文化娱乐方面的公益设施、地方教育、地方基础设施,以及地方债务等(同样依各地方的法律规定而有一定的区别)的支出。

在权责划分中,除某些完全独立的事项(如联邦级的国防、州级的彩票、地方的消防等)之外,凡涉及需要各级政府之间,乃至各级政府与非政府的团体或企业间"分工协作"的事项,都通过法规形式具体落实到可准确操作的方案上。以下试举例说明。

1. 教育

美国的教育是个具有突出特点的"分工协作"的例子。美国实行全民义务教育,不论居民家庭的具体状况如何,一切儿童自7岁开始至16岁都必须进入学校接受初等、中等教育。除了存在民办的教会学校之类非公中、小学之外,由为数众多的公立小学与中学所形成的教育体系,属于独立于地方政府之外的"教育管区"(school district,或译作"学区")系统。每一个教育管区的地理区划,不一定与地方政府的区划一致,两者的财力系统也是分开的。学生在接受中等教育之后,对于进一步的学习,可以做出多种选择,或进入由县举办的社区学院(Community College,其教育内容偏重于职业定向培养),或进入公立大学(多由州政府为主要资助者),或进入由民间基金会等所举办的私立大学。州资助的公立大学、县办的社区学院、教育管区的公立中小学及私立的大、中、小学校,都在管理上和财务上自成体系,各司其职。

2. 公路系统

美国的公路可划分为联邦级、州级、市级,直至镇级,各级政府负责以资金支持相应级别的路段的建设与维护,共同组成一个四通八达的公路交通网。(根据各级、各地法规的不同,少数地段过往车辆要交过路费,其他则不必。)在执行总体的发展规划的过程中,由联邦、州政府自上而下地给予某些补助。

总之,美国以宪法、宪章、法规等形成的法律体系,规定了各级政府的权力体系,使事权、财权的划分及分工协作关系,都稳定在法律基础之上。

4.2.3 各级政府具有自己的独立预算与相对稳定的收入来源

为了使各级政府的支出决定权落在实处,需要有相应的财政收入作为支撑。美国《宪法》对税收问题做了原则性的规定,从四个方面限制了政府的征税权力。(1)《宪法》第一条第七款规定,所有征集岁入的法案必须来自众议院,但就和其他法案一样,参议院可以提出或同意修正案。(2)《宪法》第一条第八款规定,国会有权制定并征收国民税、关税、进口税和货物税,但所有关税、进口税和货物税应该在合众国范围内全部统一。因此,各州必须实行统一的无歧视性税率。(3)《宪法》第1条第9款规定,任何州的出口货物不得被征收关税。(4)《宪法》修正案第16条规定,国会有权对任何来源的收入制定并征收所得税,而无须在各州加以分配,也无须考虑任何人口统计或计数。

在《宪法》的原则性规定下,美国实行彻底的分税制,联邦、州和地方政府都有独立的税收立法权和征收管理权,各级议会可在宪法框架下确定自己的税法与税制,各级政府都有一套独立的税务机构,负责本级税收的征收。

在税收的划分上,美国仅通过划分税种的办法就解决了各级政府的财力分配问题,基本上不存在相互交叉上解、补助的情况。联邦政府主要集中了个人所得税、公司所得税和社会保险税三大税(约占联邦财政收入的90%),辅之以关税、消费税、赠予税和货物税。州政府的税收一般以销售税、个人所得税、银行和公司所得税（在美国，联邦和州在个人所得税及公司所得税问题上是分率计征的）为主要来源，这三项收入约占本级收入的70%，此外还有货物税、保险税、酒精和烟草税、各种使用税。地方政府的税收主要有财产税、销售和使用税、所得税及一些收费。在三级财政收入所占比例中，联邦财政收入一般要占到60%，这就意味着联邦财政对整个宏观经济具有较强的调控能力。

由于事权划分清晰，使财权划分的清晰化与各级财政的独立性，具备了前提条件。联邦、各州及各地方政府都编制自己执行的独立预算，有权依法掌握本级税种、税率的设置与变动，具有自己相对稳定的收入来源。美国财政收入最重要的来源，是以个人所得税和财产税为两大主要税种。联邦政府与州、地方政府都征收个人所得税，但以联邦政府为主。联邦个人所得税是超额累进征收的；而州、地方政府一般是定率征收，税率较低。财产（不动产）税是地方政府的大宗的稳定收入来源，联邦与州政府不征收财产税。财产的估价由县政府掌握，市、镇政府则有制定本地财产税税率的权限。可见，上述两大税种的配置与划分，与各级政府财源配置格局的形成关系十分重大。在两大税收之外，各级政府还有侧重点不同、与其事权关系密切的其他一些大宗收入来源。如联邦财政的社会保险收入，州政府的销售税（各州税率不尽相同），联邦与州的公司所得税。除此之外，各级政府均可以依法发行各类债券来筹集收入，不少州政府还发行彩票，这使得各级政府的收入来源更具弹性与应变能力。

4.2.4　政府间自上而下流动的资金转移

各级政府都拥有独立的一级财政的同时，也存在政府间的转移支付。美国联邦政府财政支出中有一部分并不是由联邦政府直接支出，而是拨款给州和地方政府，由后者负责落实。美国各级政府之间的财政关系比较简单，州和地方对联邦均没有上缴任务，联邦对州和地方的转移支付,是联结各级政府间财政关系的唯一纽带。因此州与地方的财政支出在一定程度上要依赖联邦的预算拨款,这种财政拨款是财政资源在各级政府间的转移支付。美国的转移支付主要是专项转移支付,基本上没有一般性转移支付。美国专项转移支付制度具有4个特点。(1)具有透明和公正性。美国之所以实行专项转移支付办法,主要目的是为了增强联邦政府的影响力,促使各州和地方财力分配符合联邦政府的宏观政策目标。(2)没有固定的模式。美国许多转移支付项目,各种项目拨款考虑的因素有所不同。有的考虑社会经济发展需要,如公路建设;有的考虑社会稳定因素,如救济穷人发放食品券。(3)转移支付项目按法律程序确定,明确规定用途,专款专用。(4)转移支付制度以有条件补助为主,需要州和地方政府的配套。

在政府间权责界定清晰、拥有独立预算和举债自主权的情况下,州和地方政府会不会过度负债？考察在美国的市场经济与法律制度下市场与法律对地方政府负债的约束机制,可以探析如何使政府负债得到有效控制的途径。

美国对地方政府负债的控制,采取的是"弱控制、强市场、硬约束"的思路。首先,美国的州及地方政府举债不受联邦政府管制,即所谓的"弱控制",保证了美国地方政府发债的灵活性与自由度。其次,美国成熟发达的金融市场是其庞大地方政府债务建立的基石。2013年,美国共同基金、银行与保险业持有的市政债务高达1.93万亿美元,占美国市政债总规模的52.6%。但仅仅具备"弱控制,强市场"的框架,美国的控债杠杆理念将会是脆弱的。为解决这一点,美国从1937年开始建立起以《破产法》为基础的"硬约束"。纵观历次地方债务危机,美国国会与联邦政府几乎无一例外地拒绝了州与地方政府的紧急援助请求,成功地阻止了地方债券的无限制扩散。

第三节 美国的州和地方政府负债的控制

4.3.1 美国的州与地方政府的债务类别

美国的州和地方政府的负债以债券为主要形式。地方政府债券指地方政府或其授权代理机构发行的有价证券,是地方政府在税收、规费收入以外的一种通过举债筹措财政资金的方式,所筹集的资金主要是由于城市基础设施项目的建设。依照债券的用途、最终偿还资金的来源与担保方式的不同,通常将地方政府债券分为一般责任债券(General Obligation Bonds)和收益债券(Revenue Bonds)和项目渠道债券(Appropriation/Conduit Bonds)三类。

一般责任债券是以发行机构的全部声誉和信用为担保并以政府财政税收为最终还款来源的债券,通常用于没有收益的地方基础设施建设项目,如教育、市政设施建设等,偿债资金在一般预算中列支。收益债券则是与特定的项目或是特定的税收相联系,其还本付息资金主要来源于特定项目的收入,多数用于有一定收益的准公共品的建设中,如供热、供水系统及城际道路、机场、码头等大型基础设施的建设。项目渠道债券比较特殊,是政府或非政府企业通过特定的融资平台进行筹资。例如,加利福尼亚州有健康设施融资平台、基础建设和经济发展银行等融资平台,加利福尼亚州还通过州公共事业委员会发行租赁收入债券,纽约市政府通过临时融资管理局发行资产证券化债券。这一类债券的偿付资金也来源于项目收益,并且必须得到政府法律批准才能发行。在财政分权条件下,地方政府不仅有相对独立的支出职责,而且其负债面临着特定的环境条件,包括地域开放、人口流动、有上级政府、无货币发行权等。这会使地方政府负债出现一些膨胀的现象。

一是负债冲动。为避免居民"用脚投票"(Tiebout,1956),地方政府往往用负债提供公共产品而不增加当期税负；地方政府倾向于过度负债，以利用本地和外地资金或资源来提供公共产品或促进经济发展，再用产生的税收偿还债务；地区间对稀缺要素尤其是资本要素的竞争普遍存在，地方政府为实行发展型财税政策也试图利用负债来克服内在矛盾（冯兴元，等，2005）。

二是信用幻觉。地方政府具有一定税收权限，又有上级政府。有些投资者会认为地方政府不会破产，即便遭遇危机最终中央或联邦政府会施以援手，从而过高估计地方政府的信用和债务偿还能力。

上述这两种现象的存在意味着在财政分权条件下，地方政府一方面有过度负债的偏好，另一方面又有过度负债的可能。若不控制，地方政府债务难免膨胀。不仅如此，由于地方政府没有货币发行权，税收权限并不充分，因此不具有无限清偿能力，存在拖欠债务的风险，可能发生债务危机。然而历史地看，州和地方政府负债除早期发生过几次较严重的债务危机外，其他时间尤其是自20世纪"经济大萧条"结束以来就没有再出现大范围的债务违约现象，债务规模总体上是适度的。那么，债务控制机制是如何发挥作用的呢？

4.3.2 美国的州和地方政府的债务控制机制

美国的州和地方政府的债务控制机制可以从两个方面进行考察：外在即法律法规方面，内在即市场机制方面。法律法规对州和地方政府债务的限制有直接和间接之分。首先是法律法规的直接限制。

4.3.2.1 法律法规的直接限制

这类限制性规定始于早期债务危机发生后，后来随着时间的推移和环境条件的发展变化，有关法律法规又得到了不断补充和完善。尽管由于各州主权独立、地方高度自治，不同州的法律法规关于州和地方政府负债的具体规定或做法存在差别，但总体来看，大多数州都是从程序和数量等方面对州和地方政府负债进行限制的。

1. 负债程序限制

许多州法律规定,州和地方政府负债必须得到有关机构甚至全体居民的授权或批准,作为债务人的有关政府部门或机构本身不能擅自决定举债。从实际情况看,多数州和地方政府都对不同类型的负债规定了不尽相同的授权或批准主体,主要有以下几类:全体选民、议会、专门委员会、政府财政部门或机构等。总体来说,一般责任债券的发行需经较高级机构(如议会、全体选民)的批准,而收入债券的发行所需批准的机构层次相对较低。

2. 债务数量限制

有不少州和地方都在宪法或其他法律中对政府负债规定了最高限额,不过大多针对的是一般责任债券。其所规定的限额主要有以下几种类型:绝对数额、一般收入的一定比例、财产价值的一定比例等。据美国全国州预算官员协会(NASBO)2012年进行的调查:在州宪法或法令规定允许发行一般责任债券的47个州中,有37个州在其宪法或法令中对一般责任债券规定了某种形式的限制(其中多数是相对限额),规定绝对限额的有10个州。

4.3.2.2　法律法规的间接限制

法律法规的间接限制主要来自平衡预算规则和财政收支限制规则两方面。

1. 平衡预算规则

平衡预算是针对州和地方政府的经常性预算的。美国的州和地方政府在财政预算管理方面的做法与联邦政府不同,州和地方政府预算一般都实行分类管理,将预算分为经常性预算和资本预算等,经常性预算和资本性预算分别适用不同的规则。资本性预算可利用负债筹集资金,而经常性预算一般都要求平衡。从实际情况看,几乎所有各州和地方政府都在宪法或法令中规定,要求遵循平衡预算规则。平衡预算规则自19世纪40年代开始实施,一直沿袭至今(刘利刚、陈少强,2005)。据NAS-BO(2012)的调查统计,除印第安纳、得克萨斯、佛蒙特、弗吉尼亚、西弗吉尼亚等5个州外,美国其他45个州的宪法或法令都规定要求州长向议会提交平衡的预算;有41个州法律规定议会只能通过平衡的预算法案;有35个州要求州长只能签署平衡的预算。另外,许多州宪法或法令规定,在预算执行中出现的赤字必须在财政年度中予以消化,禁止结转到下一年度。有此规定的州有35个。这就意味着,美国的州和地方政府的长期负债仅限于资本预算,不适用于经常性预算。

2. 财政收支限制规则

在美国,几乎所有的地方政府,以及差不多一半的州政府,其预算中的税收或支出受到宪法或法规的限制(费雪,2000)。税收和支出限制的方式主要有以下几种类型:税率、增长率(比上年的增长率、与人口增长率的关系等)、居民平均收入的一定比例等。据ACIR统计,1992年,有33个州向地方政府施加了针对全部财产税、某种财产税或两者兼而有之的税率限制,有22个州对地方政府的财产税进行了征收限制。这些针对财政收支的限制对州和地方政府的债务规模也有一定制约作用,因为债务本息最终要通过税收收入等来偿还,财政收支有限额意味着用来偿还债务本息的资金不可能无限。此外,市政债券免税政策等对债务规模也有一定影响。

3. 偿债准备金制度

为防止债券不能按时还本付息,部分州及州以下地方政府还设立了偿债准备金制度。偿债准备金数额往往与每年所需偿还的本息总额相关。资金来源于发行溢价收入、投资项目收益等,资金使用仅限于投资低风险的联邦政府支持债券,投资债券期限不能长于偿债剩余期限。

4.3.2.3　市场机制的约束作用

1. 人口流动的约束

美国的州和地方政府债务的自然约束机制主要在来自人口流动和市场力量两个方面。人口流动是指居民具有流动性并将迁移至最能满足其偏好的社区,这是蒂博模型的重要前提假设。在美国现实社会中,居民在国内的迁移一般不受限制,可以自由流动,确实具有较强的人口流动性。那么,人口流动性是否制约州和地方政府债务规模。通过对各州人口变动与人均债务关系的考察,有研究发现:从短期看,美国较强的人口流动性对其州和地方政府债务规模并未形成显著的直接约束;但从长期看,各州间人均政府债务差距趋于缩小,人口流动性对州和地方政府债务规模可能有影响。

2. 负债的供求及利率的约束

美国的州和地方政府负债采用的是公开发行市政债券的模式,早在1812年美国第一支地方政府债券(Municipal Bond,也称"地方政府债券")就应运而生。经过200多年的发展,美国地方政府债券市场发展成为仅次于股票市场、国债市场及企业债市场的美国第四大资本市场。地方政府债券因其免税的特点,多数为个人投资者持有.在美国市政债券市场中,投资者可自由选择,决定自己是否购买、购买多少,因此便于发挥市场的作用。

市场力量对政府债务规模的限制作用主要是通过影响负债的供求及利率来实现的。政府债务过多,偿债能力等受到不利影响,债券利率就会升高,举债成本就要增加,从而制约债务规模的扩大。州和地方政府负债要能顺利发行出去,一定要以投资者愿意投资购买为条件,若投资者认为债券质量低而不愿意购买,则债券就难以发行。举债困难的现象在美国的州和地方政府负债史上并不鲜见,尤其是在发生大量的债券拖欠以后。最突出的例子是19世纪40年代美国债务危机中的有关情况。

另外,美国的州和地方政府的负债价格即债券利率完全由市场决定,是市场均衡解而非人为规定量,不但不同的州和地方政府的债券利率可能存在差别,同一州或地方政府不同时期或不同项目的债券利率也不尽相同。如1973—1995年,新泽西州与其他州一般责任债券的利率也差平均为9.98个基点(Poterba,Rueben,1997)。而且,州和地方政府的负债利率都随其债务增多而提高。有研究表明,在整个债券市场上,每增发10亿美元的免税市政债券会使债券利率提高1~7个基点;如果一个州增加发行600万美元的公债,就会使该州的借款成本提高22个基点(费雪,2000)。

3. 债券信用评级和信息披露的约束

实行债券信用评级制度后,影响州和地方政府负债利率的因素有许多被综合进了债券的信用等级,市政债券利率因此与债券的信用等级密切相关。一般来说,债券信用等级与债券利率呈反向变动关系。信用等级越高,债券利率可以定得越低。由于债券利率的不同对发行人来说就是举债成本的差别,美国各州和地方政府因此都十分关注债券利率,特别重视信用等级。而债务增加会使州和地方政府整体偿债能力下降,从而对债券利率、信用等级造成不利影响,过度负债往往会导致财政状况恶化,必将造成信用等级降低、债券利率提高,从而增加负债成本,州和地方政府因此不敢过度负债。州和地方政府债券与其他债券替代性的存在,使州和地方政府在增加负债时面临不小的压力。

信息披露对于发行人而言,既是满足监管要求,同时也是吸引投资者的一种自发行为。公开发行的市政债券一般要通过正式的官方声明来公布地方政府的责任和义务。市政债券上市前后要经有资格的审计机构对发行人的财政状况、债务负担、偿债能力等出具意见。市政债券发行后,发行人和相关责任人还必须及时地、定期地更新披露信息。美国市政规则制定委员会主持建立的市政债券电子信息平台是信息披露的重要平台。因此负债市场化对美国的州和地方政府债务规模有相当直接且显性的制约作用。

4.3.3　美国的州和地方政府债务的控制效果

从时间上看,债务控制机制建立并逐步完善后,市场力量对州和地方政府负债的约束作用也越来越明显,州和地方政府过度负债进而引发债务危机的情形大为减少,美国的州和地方政府债务控制的总体效果相当显著。

需要说明的是,这不是说美国的州和地方政府的债务控制机制就没有不足之处。实际上,美国的州和地方政府的债务控制机制也有缺陷,最突出的问题是法律法规限制的范围局限性。如各州法律规定的负债上限通常都是针对一般责任负债的,未对政府债务总额进行限制。收益债券和项目渠道债券由此出现,被州和地方政府用来规避有关债务限额。在此背景下,20世纪30年代"经济大萧条"后的半个多世纪以来,债务违约现象仍时有发生,美国政府是如何有效防止个案蔓延为全国性财政危机的呢? 20世纪30年代初开始颁布并不断修改的破产法规起到了防火墙般的"硬约束"作用。

第四节　美国地方政府的破产

4.4.1　美国政府破产的含义

4.4.1.1　破产的含义

"破产"一词有广泛的含义,可以在法律、经济和政治等多种意义上予以解释。在人类历史上，债权人对债务人违约所采取的措施最初往往是诉诸野蛮的暴力行为，但是"经过长期的历史演化，无论是债务人还是债权人，对债权—债务关系处理方式的选择越来越理性化和文明化，一旦涉及利益冲突和债权人之间对利益分配产生纠纷，他们更多选择的是法律机制来定纷止争"。这就形成了法律意义上的破产，它指的是"一种法律手段和法律程序，通过这种手段和程序，概括性地解决债务人和众多债权人之间的债权—债务关系"。

在法律体系中，研究者一般认为，"破产"包括狭义和广义两种，其所指："狭义上的破产，特指清算型破产，它是指当债务人不能清偿到期债务时，由法院根据当事人的申请对破产案件予以受理后，将破产财产公平分配给全体债权人的清算程序；广义上的破产，不仅包括清算型破产，还包括预防型破产，它是指当债务人不能清偿到期债务时，由法院根据当事人的申请（有的立法例中法院可依职权），对债务人实施的挽救性程序，以及就债务人的全部财产实行的概括性清算程序的统称。"它是由破产清算程序与破产和解、破产重整等程序共同构成的一个统一的破产法律体系。美国现行的地方政府破产法规是在1978年《破产法》第九章改革的基础上，经过1994年修订后颁行的。采用的是广义的"破产"含义，债务人不能清偿到期债务时，为保护多数债权人且兼顾债务人的利益，所适用的偿债程序是该程序终结前债务人的身份地位受限制的法律状态。

4.4.1.2 政府破产的双重含义

美国"政府破产"的含义可以从经济和法律的双重意义上做出解释。经济意义上政府的破产是一种客观的经济状态。在此状态下，作为债务人的政府已经不能向其债权人支付到期债务，而最终不得不用各种方法偿还债务。经济意义上的破产，说明作为债务人的政府已经达成了破产的客观经济状况。

法律意义上政府的破产是对复杂的债权—债务关系的法律处理。作为债务人的政府对其债权人负有各种债务,债权人要求作为债务人的政府在约定期限内向其清偿债务。一旦作为债务人的政府违约,则债权人运用法律程序及手段以达成债务关系的解决,这就形成了法律意义上的破产。在美国《破产法》第九章中,将"政府破产"界定为:在债务无争议的情况下,作为债务人的政府无力偿债,不能支付到期的债务或预期不能支付其到期的债务。具体而言,政府破产是指作为债务人的政府尝试做出种种努力,但客观上还是无力偿还到期债务,在这种情况下而诉诸的法律程序和法律手段,通过这种程序和手段,合法解决作为债务人的政府与其债权人之间的债权—债务关系问题。

值得注意的是,美国政府破产与私人领域主体破产相比具有鲜明的特点:政府存在的意义在于为居民提供必要的公共产品与公共服务,因而政府主体的法人资格必须被保留,不能通过清算等方式将其消灭,政府破产主要是指政府经济(财政)意义上的破产。笔者认为,如果不存在经济意义上破产的客观状况,是不可能直接达成法律层面上的破产的。换言之,大部分政府破产都是存在经济意义上破产的客观状态,才达成破产的法律程序和手段的。因此,对于政府破产的理解应从两方面进行:美国政府破产既是指地方政府无力偿债的客观事实,同时也是指这种政府无力偿债的事实达成法律层面解决的程序及手段。经济意义上的破产是政府破产的事实基础,法律意义上的破产是政府财政破产的合法化与公开化。

4.4.1.3 美国《破产法》中对破产政府主体的规定

美国政府破产是按照《破产法》进行受理的,《破产法》中对政府破产的指认使用了"市"(Municipality)一词。市可以按照《破产法》第九章自愿申请破产。《破产法》中将"市"定义为:州的政治分支或公共机构或工具。此处"市"的含义是法律意义上的解释,其中:"政治性分支包括县、教区、城市、镇和村；公共机构或工具包括'州发起的或控制的'管理局、小组、委员会、独立的企业，经由税收取得收入或使用者付费取得收入的组织，如学区、桥梁管理局（Bridge Authorities）、公路管理局（Highway Authorities）、煤气管理局（Gas Authorities）等"。这表明，在美国《破产法》中的"市"是一个十分宽泛的概念。

除了上述所涵盖的范围外，"市"的含义还通过判例的形式被放大了，在破产法院的两例判决中得到了特别的阐明。在关于 Orange 县的破产案件中，人们发现其中的债务人是由县运营的投资中心（investing pool），并不满足《破产法》第九章中对"市"的定义，该判决受到了广泛的争议；在关于 New York Off-Track Betting Corporation 的破产案件中，其债务人是一个公共福利公司运营的一个赛马赌注彩金机构，该机构被法院认定为符合"市"的界定，可以在《破产法》第九章之下申请破产。该判决同样饱受争议。同时，在美国《破产法》第九章中，明确指出州不属于"市"的范畴，它在《破产法》中没有体现，也没有包含于"市"的概念之中，所以，州是不能进行破产申请的。因此，美国地方政府破产中的地方政府，名义上称之为"市政破产"，但并不指代严格意义上的"市"，其实际适用范围远远超出"市"的含义范畴，其可以看作是州政府之下的政府部门（Governmental Units）和政府实体（Governmental Entity）的集合。按照上述地方政府界定的标准，等同于广义上地方政府（Local Governments）的范畴。

4.4.2 《破产法》对地方政府债务蔓延的有效防止

在 20 世纪 30 年代美国大量地方政府身陷债务危机的形势下，罗斯福总统于 1934 年 5 月 24 日批准了《地方政府破产法》（也被称为"Summers-Wilcox Bill"）。这部法律为陷入债务危机的地方政府及其部门的债务解决提供了规范。立法发起人所言："立法目的是为了允许县、镇和征税的区域有效地协商它们自己的债务。遇到财政危机的政府组织，可能和大部分债权人达成一些令人满意的调整协议并经由法院公平公正地批准。"从最初的立法至今,经过了多次修订、规范,它对于可以申请破产地方政府的界定、地方政府破产的含义、地方政府破产的能力条件、地方政府破产的程序等问题都有了详细的法律规定。现今的美国《破产法》第九章已成为为地方政府破产量身定做的法律安排,具有了较为完备的体系和程序,使地方政府破产有法可依,有效地防止了地方政府的财政危机在更大范围内的蔓延。具体来看有以下三方面。

第一,实现了对作为债务人的地方政府进行救济。随着观念的演进,对于债务人的救济变成破产立法之中一个重要的元素。关注对那些"诚实但不幸的债务人"的救济,在主动的申请中、在清算的抉择中、在日益增多的驳回破产的理由中,看到了那些难以忍受的债务。地方政府破产立法设计充分考虑了对作为债务人的地方政府的救济。

《破产法》为地方政府提供了不同于私人领域破产法的保护机制。例如,绝对优先级规则的不同应用。绝对优先级规则是指,如果在债务调整方案中获得优先偿付权的债权人得不到其全部索赔时,那么没有优先偿付的债权人也必然一无所获;它在私人领域破产案件中对债权人提供了非常强大的保护,如果最低优先偿付权的债权人——股东如果继续持有公司的股票,那么对所有其他债权人(也包括无担保债权人)必须充分偿还。然而,在地方政府破产的案件中,这种保护机制是非常有限的。

第二,实现了地方政府破产过程的公平性和破产管理的有效性。由于作为债务人的地方政府是一类特殊的债务人,立法者要保留地方政府的职能,使其维持正常运行,同时并没有片面地牺牲债权人的利益。在整个破产过程中,为债权人、债务人提供了有效的参与方式;在债务调整方案的设计中,也要求实现"债权人最佳利益"标准,并且使得整个过程公开、透明,以减少破产本身带来的阻滞成本,避免使破产成为某一利益团体分割利益的工具。这些措施维持了破产立法的公平性和有效性,也促进了破产法院受理、执行能力的提升。

同时有效阻止了一些地方政府运用《破产法》为其自身利益提供的保护，来谋求减轻债务负担。从破产案件的数量上来看，地方政府破产远远低于私人领域主体破产的申请数量。在地方政府破产立法的八十多年中，发生破产的地方政府只约占美国地方政府的0.7%。其中的原因是：为了避免地方政府滥用《破产法》，《破产法》为地方政府设置了较高的受理门槛。一旦地方政府提交了破产申请，法院将视破产要求满足与否而裁决。《破产法》第九章中指出：如果没有满足法定的申请要求或如果地方政府没有以诚意提交申请，法院将不予受理。虽然在《破产法》中没有界定什么是"诚意"，但是法院依赖《判例法》，在《破产法》第九章下解决了这个问题。判定"诚意"考虑的因素包括：债务人的"财务状况、动机和地方的财政现实。"这对于作为债务人的地方政府的要求是独一无二的，将一些打算申请破产的地方政府拒之门外。它意味着，对于大多数地方政府而言，不到万不得已的情境是不能申请破产的。结果符合立法者的预计，虽然美国地方政府认识到该法律是不能被滥用的。

第三，实现了地方政府减轻债务负担并维持运营的初衷。《破产法》在没有侵犯州控制其地方政府的政治的或政府的权力的情形下，通过符合市场经济规律的法律程序，以较为公平的方式，减轻了地方政府的债务负担，给予地方政府像自然人破产那样获得一个崭新的开始，以充分履行联邦、州赋予地方政府应有的各项职能。

《破产法》第九章明确禁止法院侵犯"作为债务人的地方政府的政治的或政府的权力"。破产法院不能干涉地方政府如下事务：禁止干预作为债务人的地方政府的财产和收入；除了将一部分收入给予债权人，地方政府还要提供必要的公共服务，服务的内容由地方政府决定，而不是破产法官指定；地方政府在破产期间无须破产法院的批准，就能出售其资产、增加新的债务和从事政府内部事务管理；禁止法院命令地方政府减少开支或命令增税;除非在特定环境下,否则破产法院不能任命一个信托委员会去管理或接管地方政府或强迫地方政府进行资产的清算;破产法院也不能任命第九章案件的破产托管人;法院也不能改变地方政府提交的债务调整方案。

《破产法》成为美国地方政府唯一的、也是最后的去杠杆化手段。当"强市场""弱控制"与"硬约束"结合在一起时,美式控杠杆策略效果卓著。1991—2011年,美国整体地方负债率始终保持在14%~19%的合理区间,20年间地方负债率仅以1.17%的增长率温和增长。即便遭遇经济危机导致短期内地方政府加杠杆,如2001年互联网泡沫破灭,以及2008年次贷危机爆发,"硬约束"总能确保地方政府在危机解除后迅速地去杠杆。在《破产法》的硬约束下,美国的州与地方政府都承受着极大的平衡财政压力,驱使他们财政支出合理化、举债理性化。

第五节　小　　结

从美国政府间事权、财权和财力的清晰划分、法律与市场对地方政府负债的双重约束及《破产法》对地方政府负债的有效阻止,构成了对各个政府主体权责界定、规范与约束的制度体系。可以看出,美国的政府分权制度不仅仅是对各级政府整体权责的划分,而是已经深入到在法律上独立的每一个政府主体的每一项权利和义务。作为与个人、企业在经济上平等的市场主体,每个政府主体对自身可以做什么、不可以做什么都有确定的预知和对行为后果的预期。这样一套有效的制度体系必须借助于政府会计主体理论的产生和发展才能得以确立和贯彻,因此政府会计主体理论与实践构成了美国财政分权制度的一部分。这样清晰的、彻底的分权制度是与市场经济制度相适应、相契合的。在个人、企业的产权、义务已清晰划定的市场中,如果没有一套界定各政府主体的规范与制度,使之正确处理与市场、与其他政府之间、与政府各部门各单位之间的经济关系,市场会因政府的越位、缺位而发生混乱,市场经济就是不完全、不完备的,市场经济体制的改革就是不彻底的。这对我国当前所处的改革阶段是有借鉴意义的,对化解已经很严峻的地方债务风险是有警示作用的。

那么我国当前的财政分权制度、政府会计制度走过了一条怎样的发展路径?应该怎样看待当前财政制度中的政府会计的主体问题?在下面两章中,本书将梳理我国的财政、政府会计改革路径,并提出对我国当前政府会计主体问题的看法。

第五章　分税制前我国财政管理体制改革回顾

在西方民主宪政政体中,中央地方关系在大多数情况下只在"政府内部运作"的意义上是重要的,这是由于政府管辖和影响的领域较小所致。经济、社会、文化等领域中的事务相对于政府而言有着很强的独立性。所以说,中央地方关系的变化的意义相对有限。具体而言,在制度安排上,中央主要协调的是与地方政府的关系,其他事务则是在不同程度上的分权框架内展开的。而在计划体制中,由于主要的社会和经济资源都归政府来规划、调配和使用,中央地方关系的意义也变得更加重要。在实行计划体制的大国,多级政府的存在使得中央政府需要通过地方政府推行政令和实现经济社会发展规划。这实际上对中央地方关系提出了更高的要求,即要求中央政府的高度集权。所以在各种计划体制中,集权是一个普遍的现象。在计划体制的政府预算中,最重要的部分不是公共服务,而是经济发展和基本建设投资。在以苏联为代表的计划体制中,国民经济和社会发展是以"五年计划"为中心的整体规划安排,这要求地方政府成为中央计划的忠实执行者,不能允许地方政府在执行计划上有太大的自由处置权限,否则计划的执行就会出现混乱。上述模式也是理解中国在改革开放前30年间中央地方关系的基本框架。我们只有通过探索这种变化背后的原因和实际的结果,才能对新时期的中央地方关系有一个更加深入的理解。

中华人民共和国成立以来,我国的财政管理体制改革可划分为这样几个大的阶段：1949—1978年，统收统支阶段；1978—1994年，财政包干阶段；1994年至今，分税制阶段（将在下一章详述）。在各大阶段之内，尚有一些变革，但大方向基本一致。本章接下来的内容对前两个阶段的财政管理体制改革做一系统梳理，观察各类经济主体在中华人民共和国成立后被政府合并改造后消失，但在市场经济改革后又逐渐归位的过程。

第一节　计划经济体制下财政的统收统支阶段
（1949—1978年）

自1978年至今的改革都是对这一阶段财政体制的调整，因此对这一阶段的回顾对理解30多年来的变革至关重要。

5.1.1　计划经济下市场与经济主体的消失

1949年中华人民共和国成立后，为了平抑物价、解决财政困难和支持抗美援朝，中华人民共和国开始着手建立全新的社会主义经济和政治体制，在此基础上形成了全新的中央地方关系框架。这个框架虽然仍然延续了传统中国五级政府的行政关系，但是随着社会主义计划经济体制的建立和发展，迅速形成了中央高度集权的局面。中华人民共和国成立初期，中央政府实行的是高度集权的财政"统收统支"制度，规定财政收入中除公粮5%~15%的地方附加以外，所有公粮的征收、支出、调度，全部统于中央。在税收方面，除了批准征收的少量地方税外，所有关税、盐税、货物税、工商税，也都由中央政府调度使用。财政支出主要用于军队、行政和投资，也都由中央政府统一全国的编制和供给标准。

这种高度集权的体制在1953—1957年的第一个"五年计划"时期得到了进一步的加强。从1953年开始，中华人民共和国开始了对农业、手工业和资本主义工商业的社会主义改造，原定于十几年的改造计划在5年时间里就迅速完成。1956年，农村中参加合作社的农户比重已经达到了96.3%，已经加入合作化的手工业就业人员占全部手工业者的91.7%。当时，对资本主义工业也进行了社会主义改造，情况见表5-1。

表5-1　中华人民共和国成立初期工业分布情况

工业	年份		
	1949	1952	1956
社会主义工业	34.7%	56.0%	67.5%
国家资本主义工业	9.5%	26.9%	32.5%
公私合营	2.0%	5.0%	32.5%
加工订货	7.5%	21.9%	——
资本主义工业（自产自销部分）	55.8%	17.1%	——

数据来源：当代中国的经济体制改革[M].北京：中国社会科学出版社，1984：28.

可以看出，到1956年，全部工业中的2/3为社会主义性质的国营和集体工业，1/3为公私合营的国家资本主义工业。但是在公私合营的企业，"私方"只有拿定息的权利，没有企业的经营权，实际上也是全民所有制的国有企业了。在商业领域，1956年的私营商业只占商业企业商品批发额度的0.1%，商业也全部完成了社会主义改造。个人和企业作为有独立经济利益的市场主体身份被计划经济熔解了。

社会主义改造基本完成之后，国家的财政收入结构发生了重要的变化，请详见表5-2。

可以看出，企业收入由1950年占财政收入的13.4%，到"一五"时期的最后一年，这个比重上升到了46.5%，和各项税收在财政收入中平分秋色。此后一直到1979年，这两个比重基本没有发生大的变化，基本各占财政收入的50%左右。

表5-2　中华人民共和国成立初期国家财政收入结构情况

年份	企业收入		各项税收		其中:工商税收	
	数量(亿元)	比重(%)	数量(亿元)	比重(%)	数量(亿元)	比重(%)
1950	8.69	13.4	48.98	75.1	23.63	36.2
1951	30.54	22.9	81.13	60.9	47.45	35.6
1952	57.27	31.2	97.69	53.2	61.48	33.4
1953	76.69	34.4	119.67	53.7	82.50	37.0
1954	99.61	38.0	132.18	50.4	89.72	34.2
1955	111.94	41.1	127.45	46.9	87.26	32.1
1956	134.26	46.7	140.88	49.0	100.98	35.1
1957	144.18	46.5	154.89	49.9	113.12	36.5

数据来源:中国财政统计(1951—1991)[M].北京:科学出版社,1992.

　　税收主要包括工商税收、盐税、关税和农牧业税。表5-2反映出工商企业缴纳的工商税收是税收的主体,但是工商税收在财政总收入中的份额并没有发生变化,始终占财政总收入的35%左右。也就是说,中华人民共和国成立初期和"一五"时期国家工业化的迅速发展对财政收入的贡献并没有体现在税收上,而是体现在企业收入上。工商企业的迅速发展带来的是企业收入的迅速增长,这与社会主义改造和国家管理企业的方式有关系。

　　社会主义改造完成之后,在全国的工业企业产生的利税总额中,全民所有制企业(国有企业)占85%,集体所有制企业占12%,其他企业占3%。全民所有制企业其实就是一个个进行成本核算的基层生产单位,而不具有自主的经济利益,无法按照市场的要求决定生产什么、生产多少,也就不可能从自身出发寻求利润的最大化目标。政府运用行政手段,直接向企业下达指令性指标❶来进行管理。企业的用人用工由政府委派和统一分配,企业的生产资料由政府计划供给,由商业、物资部门收购或调拨其产品,由财政部门统一负责企业资金的收入和支出,企业的利润和折旧基金全部上缴国家,纳入国家预算。企业所需基本建设投资、固定资产更新和技术改造的费用,由政府财政拨款解决。企业的流动资金也由财政部门按定额拨付,一些季节性、临时性的超定额部分则由银行贷款解决。

在这种管理模式之下,企业财务虽然进行独立核算,但只限于自计盈亏,并不自负盈亏,所以基本上属于政府财政部门的分支和出纳。企业税金上缴财政国库,企业利润则上缴政府主管部门的财政。以1957年为例,全民所有制独立核算工业企业的税金是36.6亿元,利润总额是78.8亿元,也就是说,企业的贡献是1/3以税收的形式上缴国家财政,2/3则以企业收入的形式上缴主管的政府部门。

国家通过实行计划指标来指挥经济运行,生产单位是政府的附属物,职工是生产单位的附属物,都是计划分解落实的载体。社会公众作为公共物品的消费者和纳税人,既没有公共物品生产的决定权,也没有对公共物品生产的监督权。在这种模式下,由于公众无法有效地显示自己对公共物品的偏好,也无法形成对政府提供公共物品行为的有效监督和控制,所以很难实现公共物品的有效供给。

5.1.2　统收统支财政管理体制的建立与地方政府自主权的缺乏

在中华人民共和国成立初期,国家财政分为中央级、大行政区级和

---

❶这些指令性指标涵盖了企业管理的各个方面,包括总产值、主要产品产量、新品质产品试制、主要的技术经济定额、成本降低率、成本降低额、职工总数、年底职工数、工资总额、劳动生产率和利润。

省(市)级三级财政,1953年取消了大区一级财政,设立了县级财政。其实,地方的财政仍然是两级,即省(市)级财政和县级财政。政府部门可以按照对企业的主管职能分成两类:一类是中央政府及国务院的各个部委,另一类则是地方政府主管部门。地方政府各部门的设置与中央部委的职能是基本对应的。全国的企业也按照其隶属关系分为中央直(部)属企业和地方企业(省、县)两类。中央企业的企业收入直接归中央财政管理,地方企业的企业收入则按照其隶属关系归入省级或县级财政。也就是说,所有的企业都按照隶属关系归入了"条条"(中央直属)系统和"块块"(地方)系统。特大型企业是中央政府部门的附属物,绝大多数企业是各级地方政府的附属物。

在中央统一领导下,地方财政是作为中央财政计划的执行单位加以考虑和设置的,其自身的利益主体地位未受到重视,也不具备对自身行为负责的基本条件。政府、企业都是生产和公共职能的统一体。因而从中央、地方政府到企业的职能高度一致,也就是俗称的"上下一般粗"。与这种资源配置方式相一致,政府间财政关系的特点尤为突出:财权高度集中在中央,尽管经历数次变动(从集中到较为分散又到集中),但财政统收统支的框架并没有被打破。

"一五"时期是国家"重工业战略优先"的发展时期。中华人民共和国有限的人力、物力和财力大都用于发展大型的重工业,这就要求中央具有调度、配置资源的大部分权力。在这种情况下,"条条"系统的膨胀是必然的。1952年成立国家计划委员会,此外设立了重工业部等15个财经专业管理部门,占到了政务院所属各部门总数的47%。这些部委既是行业管理部门,又是直接管理企业生产的管理单位。1954年这类部委进一步增加,占国务院所属部门总数的55%。在这种形势下,1953年中央直属企业为2800多个,1957年为9300多个,占企业总数的16%,占工业总产值的49%,而且这些企业都是直接关系到国计民生的大型企业。这样一来,全国大部分的财力和物力都纳入了中央直接管理和调配的"条条"系统。1953 年,中央统一分配的物资为 227 种(中央统配 112 种,部委管理 115 种);到 1957 年,这个数字迅速增加到 532 种(统配 231 种,部委管理 301 种)。中央政府直接控制了大部分的关系到国计民生的重要物资。

随着"一五"计划和社会主义改造的完成,我国中央、地方间的基本经济和财政关系的构架已经建立起来。根据上面的分析,这种框架的基本特点是:中央控制了全国大部分的人力、财力和物力的管理和分配,这种控制是通过计划指标管理的形式,并通过建立在各个工业经济部门的"条条"系统来进行直接的、自上而下的控制实现的。具体而言,重要的企业几乎全部纳入"条条"系统直接管理,其他企业则通过"块块"系统间接管理,但是其税收和利润大部分归中央财政进行分配。

5.1.3　统收统支财政管理体制下中央政府高度集权的特征

1949—1978 年,尽管为了调动地方政府的积极性,中央政府曾尝试过下放一些大型企业的隶属和管理权给地方政府,将原来对企业的"条条"管理改为"块块"管理,对财政收支按照"比例分成,三年不变""分类分成""定收定支,收支包干,保证上缴(或差额补贴)""固定分成""总额分成"等行政性分权的激励措施。但是,由于计划经济体制和捆绑市场经济主体的基本制度没有发生任何变化,所以都以引起地方政府的无序竞赛、浮夸、经济过热和混乱而重新将权力集中起来结束,从而陷入"一放就乱,一管就死"的恶性循环中。直到 1978 年年末开始改革开放前,我国始终保持着高度集中的财政体制。总结起来,改革开放前的财政体制有如下特征。

首先,计划经济体制消灭了市场,消灭了各种市场经济主体,地方政府成为中央政府的下属机构,没有完整的自主权。经济的运行以行政命令、政治动员、资源控制、人事任命代替了交易的平等、契约的履行和法治的作用。统收统支的财政管理体制否定绩效激励,要求从上到下、各个层级都追求全局利益。实际上,局部利益依然存在,只是没有良好的激励约束机制,没能使企业、地方政府在追求自身利益的同时促进全局利益。因此,在这一阶段,资源配置效率不高,整体和个体效益都不高。

其次,计划经济否定税收的作用。改革开放以前,税制的作用是非常淡化的,税制设计也非常简单,主要是多税率的工商税。对国有企业不征收所得税,因为国有企业利润全部上缴。财力分配上实行平均主义,吃"大锅饭"。在财政收入上,大量依靠国有企业上缴利润。1978年财政收入占国内生产总值的比重为31.1%,企业收入占当年财政收入的50%以上。税制单一与混乱并存。中华人民共和国成立初期,以多种税、多次征为特征的复合税制,经历两次大规模的简化后,工商税制只设7种税,而且几乎都是流转税,对国有企业只征一道工商税,对集体企业征收工商税和工商所得税。与此同时,税收减免随意、税率难定,税收的调节功能缺失。"大计划"导致了"大财政"。

在这一阶段,全国变成一个大企业,被称为"企业"的经济单位只是"国家辛迪加"的一个车间或班组,不论是税收还是利润,从一开始就都属于国家。"企业"之所以还要向税务部门交"税",是因为税收在计划经济下的企业经济核算中有所谓"税挤利、利挤成本"的作用。因此,在设计税率时,通常采用"合理留利"的原则,运用税率杠杆,给企业留下等于某一社会平均利润率的计划利润。此外,政府还广泛运用税收政策贯彻自己在产业发展上的意图,对不同部门和产品规定了差别很大的税率。因此,计划经济不实行"税赋平等"的原则,而是规定差别巨大、十分复杂的税率结构。例如,1980年轻工业应缴工商税的平均税率为18.9%(其中卷烟为31.7%),重工业应缴工商税的平均税率为4.6%。这就造成了

"鞭打快牛"的"棘轮效应",出现部门之间和企业之间"苦乐不均"的状况。个人和企业这些经济主体已经被消融在整个计划经济中,其经济利益也就无从顾及,于是整个社会在低效中运转直至20世纪70年代末,国民经济走到崩溃的边缘,而不得不选择改革之路。

第二节 市场经济体制确立前的财政包干阶段 (1978—1993年)

党的十一届三中全会开启的改革之路虽然一直是在"摸着石头过河",并没有一个完整清晰的设计和蓝图,但它开创的是一条由计划经济转向市场经济的道路。改革开放以后30多年的发展,以20世纪90年代中期为界,分为前15年和后20年两个阶段,而20世纪90年代中期的分税制改革,可以看作两个阶段的分界点。在前一阶段,建立市场经济的路径渐次清晰,各类经济主体的独立身份逐渐得以恢复和确立,通过"拨改贷"和两部"利改税",政府逐渐建立了与企业间的边界意识,确定了"政企分开"的改革方针。中央与地方政府间也开始重新向分权的方向转变,此阶段以财政包干为特点,在追逐财政收入最大化的过程中,地方政府的经济利益的主体意识开始产生。本章先介绍包干制阶段,后一阶段将在以后两章进行详细分析。

5.2.1 改革从承认个人的经济利益和允许民营经济发展开始

20世纪70年代末期,改革开放开始以后,突破意识形态禁锢、引入市场机制成为改革的中心任务。为了绕开来自意识形态的巨大障碍,邓小平等中央领导人采取了"不争论"的策略,着重在经济活动中逐步松动国有经济的统治。在政府方面,一开始就采取了一些变通的政策,使民间创业行为有了更大的活动空间;在民间方面,利用这种新出现的机会,人们主动设法去开展创业活动。为了适应当时当地的政策环境,这种创业活动在行动上是小心翼翼的,但在形式上却是灵活多样的。具体来说,逐步引入民营经济大体上采取了以下的方式。

5.2.1.1 农村实行的"联产承包责任制"

改革从农村实行"联产承包责任制"开始,是对农村基层生产经营制度的重大变革。1980年9月,中共中央批转的《关于进一步加强完善农业生产责任制的几个问题——1980年9月14日至22日各省、市、自治区党委第一书记座谈会纪要》指出:"在那些边远山区和贫困落后的地区,长期'吃粮靠返销,生产靠贷款,生活靠救济'的生产队,群众对集体丧失信心,因而要求包产到户的,应当支持群众的要求,可以包产到户,也可以包干到户,并在一个较长的时间内保持稳定。"

从1980年秋到1982年年末,中国农村普遍实行"包产到户",人民公社制度随之土崩瓦解。对于这种承包经济的性质,虽然政府文件通常仍然称之为"集体所有制的合作经济",但实际上,它仍是一种建立在"包"来的土地上的业主制企业(中国法律称为"个人独资企业")。中共中央从1981—1985年连续五年发布"1号文件",就巩固这种经营制度发出指示;后来在1991年的中共十三届八中全会和1993年的中共十四届三中全会的决定中,也都明确规定农村家庭承包经营制长期不变,使家庭农场制度进一步巩固。

5.2.1.2 乡镇企业的发展

如邓小平所说,农村改革的一个"完全没有预料到的最大的收获,就是乡镇企业发展起来了"。20世纪80年代乡镇企业"异军突起",出现了迅猛发展的势头。进入20世纪90年代,乡镇企业已经成为中国经济的重要组成部分和高速增长的重要力量。在这一时期,各个地区的乡镇企业有着不同的特色,所有制形式也有比较大的差异。(1)"苏南模式"的乡镇企业。苏南地区乡镇企业的原型往往可以追溯到"文革"时期的社队企业。改革开放以后,这些企业由村、乡、镇政府建立和拥有,它们利用与上海的紧密关系,获得技术和营销渠道而得以迅速发展。这种由基层政权代表社区建立和拥有的乡镇企业形式虽然被称为"苏南模式",实际上是20世纪八九十年代全国各地最流行的乡镇企业形式。(2)"温台模式"的乡镇企业。浙江温州、台州乡镇企业也很发达,它们主要是由农民、手工业者等私人创立的个体工商户发展起来的。虽然这种"温台模式"的乡镇企业往往由于要寻求保护而"挂靠"到国有企业或集体企业名下(俗称"戴红帽子"),但实际上仍是私营企业。(3)"珠三角模式"的乡镇企业。其特点是由中国香港、中国澳门、中国台湾地区投资者(包括内地在中国香港、中国澳门、开设的企业)拥有,其业务也多为外向型的。

5.2.1.3　开放"个体经济"

"文化大革命"结束以后,约1500万名"上山下乡"知识青年回城。解决他们的就业问题,成为摆在各级政府面前的一个紧迫问题。在这种情况下,经济学家薛暮桥提出,应当改变连小商贩的贩运活动都被当作刑事犯罪处理的做法,允许待业人员等个体经营者从事商业活动,以便开辟更多的就业门路。1979年2月,国务院批转的国家工商行政管理总局的报告接受了这一建议,指示各级工商行政管理局"可以根据当地市场需要,在征得有关业务主管部门同意后,批准一些有正式户口的闲散劳动力从事修理、服务和手工业的个体劳动,但不准雇工"。1980年8月,《中共中央关于转发全国劳动就业会议文件的通知》确认了"劳动部门介绍就业、自愿组织起来就业和自谋职业相结合的方针"(即"三扇门"的就业方针),要求"鼓励和扶植城镇个体经济的发展"。1981年6月,中共十一届六中全会通过的《中共中央关于建国以来党的若干历史问题的决议》肯定了"一定范围内的劳动者个体经济是公有制经济的必要补充"。这意味着正式承认个体经济的合法性。

5.2.1.4 外国投资企业的发展

1978年,中共十一届三中全会确立了改革开放的方针,决定调整对外经济政策,要求各地、各部门的公有制企业"在自力更生的基础上积极发展同世界各国平等互利的经济合作"。1979年颁布的《中华人民共和国中外合资企业法》,标志着中国从禁止外商直接投资转变为积极鼓励外商直接投资。外商直接投资企业的方式被划分为三种类型:合资企业、合作企业和外商独资企业。针对利用外资所带来的争论,中国政府在1979—1988年先后创办了5个经济特区,确定了14个沿海城市率先开放。随着人们对外资看法的变化,各地从怀疑转为采取竞争性的政策来吸引外商投资。

5.2.1.5 私营经济的合法化

经过以上的改革,中国经济已向外资企业开放和有限度地向业主制企业开放,但是直到20世纪80年代初期,私人资本主义工商业仍在禁止之列。1982年12月通过的《中华人民共和国宪法》规定:"中华人民共和国的社会经济制度的基础是生产资料的社会主义公有制,即全民所有制和劳动群众集体所有制。""国有经济是社会主义全民所有制经济,是国民经济中的主导力量。国家保障国营经济的巩固和发展。""在法律规定范围内的城乡劳动者个体经济,是社会主义公有制经济的补充。"这部宪法完全没有提到私营经济。但是,在允许雇工的大门打开以后,私营经济迅速发展起来,雇工人数也突破了8人的限额。1987年,中共十三大明确提出鼓励发展个体经济和私营经济的方针。1988年4月,七届全国人民代表大会第一次会议通过《中华人民共和国宪法修正案》,其第11条规定:"国家允许私营经济在法律规定的范围内存在和发展。私营经济是社会主义公有制经济的补充。国家保护私营经济的合法权利和利益，对私营经济实行引导、监督和管理。"

5.2.2 国有企业经济主体地位的确立过程

国有经济一直被视为社会主义制度的经济基础和支柱，它的经济主体确立之路尤为曲折，应该说直到现在仍处于艰难探索之中。毛泽东时代结束以后，企业界和经济学界的大多数人否定了"企业下放"的国企改革方式。他们普遍认同孙冶方的观点，认为国有企业之所以缺少活力与效率，是因为政府管得过多、统得过死，改革的方向应当是对企业放权让利。20世纪70年代末期，对企业"松绑放权""扩权让利"成为经济领导部门的主流意见。从那时起到20世纪90年代初期，中国国有企业反复进行了多种尝试性的改革。

5.2.2.1 对企业放权让利

在企业与国家间的分配关系方面，主要是向企业"放权让利"，扩大企业自主权。1985年5月，国务院发布的《关于进一步扩大国有企业自主权的决定》（简称"扩权十条"）和1992年7月23日国务院发布的《全民所有制工业企业转换经营机制条例》（简称"转机条例"）赋予国有企业多项自主权。这些规定和条例给予企业的权利主要包括"放权"和"让利"两方面。所谓"放权"，就是向企业管理层转移一部分过去由政府掌握的控制权。这意味着放松政府行政机构对企业的计划管理，允许企业管理层自主做出一些过去只能由政府主管部门做出的经营决策。"让利"的最初形式是允许国有企业保留其利润的一定部分由企业自主支配。扩大企业自主权改革尽管在一定程度上调动了国有企业的积极性，但由于它只是在国家的业主地位完全不变的前提下对管理体制进行的修补，无论是"放权"还是"让利"，都不可能完全到位。通常的结果是，一方面，内部人控制的种种弊端日趋严重；另一方面，国家对国有企业管理人员的任免和重大决策的行政控制也不可能消除。所以,每一次"扩大企业自主权"的改革都以虎头蛇尾而告结束。

5.2.2.2 两步利改税

随着经济体制改革的深入,人民意识到国有企业应是具有相对独立性的经营实体,政府应是具有社会组织与管理职能的部门,而且对于社会的组织与管理应通过对企业的收税来取得财政资金。为了寻求一种能够稳定地规范国家与企业间关系的分配关系,外资企业实行的所得税制度带来了新的启示,于是提出利改税,以上缴所得税来代替上缴利润。1983—1984年的"利改税"改革以后,将国有企业上缴财政的大部分利润改以企业所得税、"调节税"等形式向财政缴纳,余下的部分留归企业。1994年税收制度改革之后,国有企业除按统一的税率上缴企业所得税外,不再向国家财政上缴利润。

1983年1月,实行第一步利改税。其主要内容为:凡有盈利的国有大中型企业,对实现利润均按照55%的税率缴纳所得税。税后利润,一部分以递增包干上缴、固定比例上缴、缴纳调节税、定额包干上缴等办法上缴国家;一部分按照国家核定的留利水平留给企业。第一步利改税改革,使国家与企业的分配关系得到了基本确定,稳定了国家的财政收入,在一定程度上增强了企业的积极性;但是尚未做到完全的以税代利,税种比较单一,难以充分发挥税收的经济杠杆作用等。于是,从1984年10月1日实行第二步利改税。第二步利改税是在第一步利改税的基础上,对国有企业实行全面改革,全部实行所得税,同时把工商税一分为四,分为产品税、增值税、营业税和盐税4个税,并且恢复和建立了一些其他税种,使国有企业按11个税种向国家缴税第二步利改税使第一步利改税的"税利并存"过渡到完全的"以税代利",其范围和程度都比第一步利改税要彻底。两步利改税后,国有企业也向独立的商品生产者和经营者的方向迈出了重要的一步。

5.2.2.3　企业承包制

在企业的经营体制改革方面,采取的改革措施主要是承包制。所谓企业承包经营责任制是这样一种制度,即发包人将自己的财产交给承包人经营,双方达成协议,保证承包人对所有者(国家)上缴固定数额的收益,超过上缴基数的收益则归承包人支配,或按一定比例在双方之间分配。1986年12月,国务院提出,要"推行多种形式的经营承包责任制,给经营者以充分的经营自主权"。1987年中期,全国掀起了企业承包的高潮。到1987年年底,全国80%的大中型国有企业实行了承包制。但是,承包制并没有使企业在产权明确的基础上获得充分的经营自主权,反而刺激了普遍的短期行为。

究其根源,是因为承包制这种制度安排具有本质性缺陷,即把承包期内的剩余控制权和部分剩余收入索取权转交给承包人。这使企业的产权界定变得更加模糊,发包者与承包者之间的利益冲突进一步加剧,双方相互侵权的行为更容易发生。此外,由于企业承包有一个具体的期限,承包人往往不愿意进行长期投资,这就造成了承包企业缺乏长期增长的动力,甚至有可能发生掏空承包企业的"老本"的行为。到了20世纪80年代末至90年代初,除极少数人外,绝大多数企业界人士都不再认为企业承包是国有企业改革的有效方式。

5.2.2.4　国有企业的公司化

由于放权让利无助于建立起有效的企业制度,国有经济的情形每况愈下,到20世纪90年代初,国有企业出现了盈亏"三三制":三分之一亏损,三分之一虚盈实亏,只有三分之一还赚钱。1993年,中共十四届三中全会《关于建立社会主义市场经济体制若干问题的决定》提出,深化国有企业改革必须"着力进行企业制度的创新"。这标志着国有企业改革的思路由放权让利转向了国有企业的制度创新。如何实现国有企业的制度创新?《关于建立社会主义市场经济体制若干问题的决定》的回答是"建立产权清晰、权责明确、政企分开、管理科学"为基本特征的企业制度。1994年7月1日实施的《中华人民共和国公司法》,大体上按照各国公司制度的通例,以法律的形式对公司制度做出了规范。1999年,中共十五届四中全会通过的《中共中央关于国有企业改革和发展若干重大问题的决定》,进一步明确了公司化改制,特别是强调了要在多元持股的基础上建立有效的公司治理,国有大中型企业的公司化改革真正进入了按照国际通行的规范建立现代公司的阶段。至此,国有企业的经济主体地位得以基本确立。

5.2.3 包干制下的财政管理体制

5.2.3.1 包干制下地方政府有了独立的经济利益

在中央与地方政府的财政关系方面,中央也将承包制引入财政系统,采取了财政包干制。这使得地方政府逐渐有了独立于中央政府的经济利益和意识,而不再单纯地作为中央政府的下属机构而存在。

我国自1980年就开始试行财政承包制,经过几次尝试,到1988年在全国推行开来。财政承包,其基本思路是中央对各省级财政单位的财政收入和支出进行包干,地方增收的部分可以按一定比例留下自用,对收入下降导致的收不抵支则减少或者不予补助。这与包产到户与企业承包制的方法基本是一致的。

改革前,在统收统支体制下,我国中央对地方政府也曾有类似的"放权"。然而那时市场尚未建立起来,企业处于政府的严格管理之下,难有自身的活力,当时的地方政府的各部门也处于不同的"条条"系统中,既没有完整的经济管理权力,也没有独立于中央的利益。地方政府的竞赛更多的是出于政治目的,地方政府增收的激励非常有限,因此中央对地方政府的权力下放只能称为"放权"而不能叫作"分权"。

此次财政包干制则更加接近于真正意义上的中央对地方的"分权"。包干制总的精神就是"包","包"的前提就是将中央和地方各自的收支权限划分清楚,中央"包"给地方的是收支总数,而不对地方的增收、减支的权利多加干预。这种"一揽子包干"实际上赋予了地方政府相对稳定的配置物资、管理企业的权限。地方政府开始逐步变成有明确的利益和主体意识的单位,而不再是被"条条"系统分割的、相对零散的"块块"。

5.2.3.2　包干制的道路

包干制要真正实行,其前提条件就是国家依靠"条条块块"系统来调控经济运行的管理模式必须转变。因此,虽然财政包干制自20世纪80年代初就是中央与地方关系变化的明确方向,但是由于整个国民经济的管理体制并没有发生根本改变,"条条块块"的管理方式依旧起作用,所以财政包干制的实行经历了一个曲折的、不断完善和稳定的过程。1980—1984年,中央不断调整、改变财政体制,利润1980年文件中的"原则上五年不变"的"划分收支、分级包干"的承诺,实际上在1981年即因中央收入的减少而被抛弃,许多省份又变成了"总额分成、比例包干"的办法。1980—1993年的14年包干制,可分成以下大致3个不同的阶段。

1. 1980—1984年,是包干制的试行阶段

实际上,早在1977年始,中央就以江苏省为试点,在该省实行了"固定比例分成"的体制。所谓"固定比例分成",就是根据1976年该省财政决算总支出在总收入中的比例,确定收入上缴的比例(1977年上缴比例为58%,留用比例为42%),一定四年不变,四年中按照这个比例与中央分成,但由于中央收入下降很快就回到了以"总额分成"为主,分级包干名存实亡。

2. 1985—1987年,是包干制的过渡阶段

中央和地方实行的包干体制可以概括为"划分税种,核定收支,分级

包干"。在此期间,全国17个省级单位仍然与中央实行总额分成的体制,但是与此前一年一变的总额分成体制相比发生了一个重要的变化,即分成比例固定下来并且一定五年不变。

3. 1988—1993年,是包干制的全面推进阶段,也是比较彻底的所谓"分灶吃饭"的财政体制阶段

在这个阶段,包干形式变得更加多种多样,全国39个省级单位(省、自治区、直辖市和计划单列市)共实行了6种不同的包干形式,且分成比例在不同的省份、年份也有差异。(1)收入递增包干;(2)总额分成;(3)总额分成加增长分成;(4)上解额递增包干;(5)定额上解(这就是俗称的"大包干",只要地方政府的收入超出了定额,就可以全部留归己用);(6)定额补助。

可以看出,财政包干制经历了一个极为复杂的变化过程。大包干的不同形式从总额分成、到固定比例分成、再到比例上解或补助、定额上解或补助,是一个对地方的增收激励越来越强的过程。广东省最早实行定额上解的"大包干",其经济发展速度在全国也最快,变成了省级财政最充裕的省份,这对其他省份有明显的示范作用。包干制将地方的经济发展速度与地方政府的财政收入挂钩.地方政府为了增加财政收入,就要提高地方经济发展速度。随着实行大包干的省份越来越多,地方政府之间也就经济发展展开了区域间的竞争。值得注意的是,这种竞争已经不同于改革前地方政府大规模放权时期的竞赛,那时的地方政府竞争更具政治目的;而在包干制下,由于地方政府的收入直接与经济发展相联系,这种竞争除了政治目的之外,也具备了实际的经济利益。

5.2.4 包干制下地方政府对经济利益的追逐方式分析

要搞清楚地方政府如何大力增加地方财政收入,需要结合对税收体

制和企业主体改革的理解。

5.2.4.1　以流转税为主体新税收体制

自1983年实行"利改税"改革以来,税收就变成了财政收入的主要组成部分,也就成为包干基数承包的主要部分,同时也是预算内财政收入的主要部分。基数并不对各税种的比例进行规定,所以采用的是一定几年不变、"一揽子"的总量包干。超出基数越多,地方留成就越多,有些是100%留在地方。所以要完成基数和超额完成基数,关键在于税收的增长速度。

税收的主要来源就是企业,企业所得税按照企业的隶属关系划分,流转税(以产品税及后来的增值税为主)按照属地征收的原则划分。其中流转税是主要税类,是所得税的2~4倍。这样,工商税收与地方政府的财政收入紧紧地结合在一起。只要多办、大办"自己的企业"甚至自己属地内的企业,经济总量和财政收入就能双双迅速增长。而产品税和增值税作为流转税有这样的特点,即不论企业是否有盈利,只要开工生产,有销售收入,就会产生税收。产品税和增值税都属于流转税类,不但是流转税类中的主体税种,也是所有税收的主要部分。在20世纪80年代,产品税和增值税一直占我国总税收收入的1/3以上。相比之下,以企业净利润为税基征收的企业所得税到1991年只占税收总额的19%。所以,对于地方政府增加财政收入而言,产品税、增值税更加重要,不仅量大而且易于征收,只要掌握销售发票即可。

5.2.4.2　新税制下地方政府通过办乡镇企业而增收的激励机制

乡镇企业的所得税,国家在1994年之前有一系列的减免政策,而且乡镇企业的税前利润可以进入多项分配,这其中有各种避税、漏税行为。但是,乡镇企业的税后利润有相当大的比例作为"企业上缴利润"交给乡镇政府或者是村集体,是这些部门预算外的收入。对于基层的县、乡、村三级组织来说,县政府得到的是乡镇企业的流转税收入,村集体得到的是村办企业上缴利润,而乡镇政府既可以与县级政府分享预算内的税收,又可以得到预算外企业上缴的利润。所以在县、乡、村三级组织中,县政府最为关注企业规模,因此在现实中,县政府最容易帮乡镇企业搞到贷款,而相对不太关注乡镇企业盈利与否。税收体制与财政包干体制结合在一起,为地方政府推动基层的工业化提供了巨大的激励。在20世纪80年代的税收体制下,增加财政收入最为直接和有效的手段就是创办地方企业,而企业上缴的产品税和增值税就是财政收入增长的主干力量。1985—1991年,全国的税收总额年均增长率为7.7%,产品税和增值税的年均增长率8%,而全国企业所得税的年均增长率只有1.8%。前两个税种与企业的规模相关,而后一税种与企业的盈利相关。

由此可见,地方工业尤其是乡镇企业的迅速发展是国家财政收入增长的一个重要动力,但是这种增长却与企业的效益关联甚小。自20世纪80年代后期开始,除了乡镇企业蓬勃发展的珠三角、长三角之外,山东、河北、辽宁以及中部一些省份也开始大办乡镇企业,有些地区提出的口号是"村村冒烟、户户上班"。这些地区的乡镇企业大多由地方政府利用银行、信用社、农村合作基金会融资兴办,无论企业效益如何,都能够立竿见影地给地方政府带来国内生产总值和财政收入的迅速增长。

5.2.4.3 新税制下地方政府通过扶持国有企业而增收的激励机制

与乡镇企业蓬勃发展的态势不同,国有企业改革走的是一条典型的"渐进式"和"摸着石头过河"的道路,经历了复杂的制度变迁的过程。1983年实行的利改税将国有企业向国家和上级主管部门上缴利润的形式改为上缴国有企业所得税和收入调节税。大中型国有企业一律实行55%的所得税税率,对于企业间利润率的差异,再征收调节税进行调节。

征税后的利润全部为企业留利,不再上缴主管部门。"利改税"实行以后,财政收入中"企业收入"部分迅速减少,"企业收入"部分由1980年的占财政收入40%迅速下降到1986年的1.9%,税收占财政收入的比重则由1980年的52.7%上升到1986年的92.5%。虽然对税收增长有着明显的影响,但是由于工业企业利润率的下降,所得税这种以利润为税基的税收并没有明显的增长。

表5-3　企业税收构成(所得税类和流转税类)(1985—1991年)　　（亿元）

年份	所得税	调节税	小计	产品税	增值税	营业税	小计
1985	513.80	82.04	595.84	594.60	147.70	211.07	953.37
1986	523.67	71.73	595.40	546.59	232.19	261.07	1039.85
1987	505.25	57.95	563.20	533.26	254.20	302.00	817.46
1988	514.54	56.39	570.93	480.93	384.37	397.92	1263.22
1989	519.21	64.38	583.59	530.28	430.83	487.30	1448.41
1990	543.10	61.02	604.12	580.93	400.00	515.75	1496.68
1991				629.41	406.36	564.0	1599.77

数据来源:财政部综合计划司.中国财政统计[M].北京:科学出版社,1992:44.

表5-3显示,所得税在1985—1990年几乎没有明显增长,这说明在这一时期企业税金的增长并不是所得税增长拉动的。如果看流转税类,则可以看出增长非常明显,平均年增长率为11.3%,企业税金的增长有相当大的因素是来自流转税类增长的作用。流转税大多以企业的产值或者增加值为税基,与企业规模有直接的关系,因此从表5-3的数据可以分析出,企业固定资产规模的扩大与流转税的增长是同步的,而与所得税增长没有关系,和企业利润呈现出相反的关系。

在"一揽子包干"的财政包干制下,主管部门或者地方政府要实现财政收入和国内生产总值的增长,企业增收的作用并不明显,而企业规模的扩大才是其主要途径。由此,我们看到,财政包干制下地方政府与国有企业的关系与其与乡镇企业发展的关系基本是类似的:企业规模的扩大是地方政府的主要关注点,而企业的效益则对于国内生产总值和财政收入增长来说作用相对次要一些。国有企业承包制的运行也促进了这种格局的形成,这主要与承包制的两个关键的制度设计有关。

(1)"含税承包"。承包制在1987年推广,一直到1993年实行的都是所谓的"含税承包",即承包基数包括了企业应该上缴的企业所得税和收入调节税。这样一来,只要企业超额完成了承包基数,实际上就可以少交企业所得税和收入调节税;而且超额越多,就相当于减税越多。"含税承包"在实践中实际变成了"减税承包"。由于所得税和调节税归地方政府,所以地方政府要增加财政收入,根本不能依靠所得税。

(2)"税前还贷"。这是指企业可以在计算所得税前将所需还贷的部分扣除。这种设计在实践中有两个效应:一个效应与"含税承包"相似,即实际缴纳的所得税减少了,而且新增贷款部分越大,所得税减少的幅度就越大;另一个效应是客观上鼓励企业扩大贷款规模,因为新增贷款投资所产生的新增利润实际上是无须缴纳所得税的。对于地方政府而言,由于新增贷款投资可以直接带来以企业产值为税基计算的产品税、增值税和营业税等流转税,所以地方政府也对帮助企业获得新增贷款极有热情。这在实践中造成了企业规模在新增贷下迅速扩张。全国的地方企业在1986—1990年的5年时间里,银行贷款从2693.09亿元迅速增加到6683.77亿元,年均增长率达到37%。企业银行贷款、固定资产总值的迅速增长,一方面在一定程度上造成了企业利润率的迅速下降,另一方面也带来了企业上缴税金的迅速增长。这是财政包干制与企业承包制综合作用的结果。

5.2.5　包干制下地方政府逐利行为对市场经济的不利影响

财政包干体制改革，打破了原来高度集中、统收统支的财政体制，调动了地方增收的积极性，促进了财政收入和国民经济的稳步发展，在财政体制改革的探索过程中，虽然是一种过渡性质的改革方式，但曾经发挥了一定的积极作用。同时，经过10多年的应用其弊端也日益显露。

5.2.5.1　地方政府的独立经济意识逐渐清晰

地方政府在财政包干制的激励下，逐步与地方企业结合为紧密的利益共同体。与改革前的局面相比，发生了这样几个显著的变化。首先，以前"条块分割"或者以"条条"为主的管理体制逐步变成了以"块块"为主的管理体制。这种变化并非像"大跃进"和"文革"期间，通过中央政府直接向地方下放企业和重要物资的管理权实现，而是通过和地方政府以讨价还价的方式建立财政承包关系实现的。由于各地区的经济基础和情况有很大的差别，所以我们看到了各种不同的承包基数和超收留成办法。地方与中央、地方各级政府之间几乎每年都会就此与中央政府进行讨价还价，各方的利益边界在讨价还价中逐渐明确。有研究发现，下级政府在谈判中的筹码就是地方的经济发展，形成了"放水养鱼"的财政包干预地方经济发展的基本逻辑，地方政府的利益主体意识逐渐明确起来。然而，无论是中央还是地方政府，还没有以法律来清晰界定中央与地方政府作为市场经济主体及社会公共事务管理主体的权利、责任和义务。因此，这种渐渐显现出来的经济利益意识成为地方政府逐利的驱动力。

5.2.5.2　地方政府的逐利行为与市场经济的要求相悖

在财政包干制的增收压力下，地方政府和地方企业在利益上紧密联系在一起,形成了一定程度上的利益共同体。虽然没有直接干预企业,但是地方政府主动帮助企业获得银行贷款,企业的固定资产规模、生产规模得以迅速扩大,由规模扩大而带来的流转税收的增加成为地方政府完成财政包干任务的主要依靠。对于企业而言,规模的扩大实际上使自己成为地方政府财政的"王牌",成为地方政府"自己的企业",即使亏损,地方政府也要设法保全。

虽然中央与地方关系发生了很大变化,地方政府刺激经济的方式也由直接干预变成了"放水养鱼",但是仍然与市场经济中的经济增长有很大的差别。所谓"放水养鱼",是指地方政府通过各种途径向企业"注水",以行政或者半行政手段动员地方资源来扩大企业生产规模,而不是建立真正的市场机制,使企业真正增强在市场竞争中的活力。实际上,在计划和市场的价格"双轨制"环境下,企业更易通过"寻租"来扩大规模,地方政府则更易通过"设租"来增加收入,虽然在这种局面下地方生产总值和财政收入都能够达到快速增长,但地方政府和企业的行为却是与建立市场经济的路径背道而驰的。在这种发展模式下,地方政府虽然退出了企业的经营管理,实际上却是更深地介入了企业的利益链条,与企业的命运紧密相连。对于国有企业而言,企业的贷款、流动资金和利润仍然基本掌握在地方政府手中,形成了"银行放款、企业用款、财政还款"的局面;对于乡镇企业而言,企业与地方政府的关系则更为密切,基本相当于地方政府自己开办的公司。

5.2.5.3 助长了地方保护、市场分割和无序竞争

地方政府出于增加本级收入的目的,一方面,从中央政府那里争夺各种体制性资源和各种优惠政策;另一方面,倾向于投向资金需求少、建设周期短、收效快的短平快项目,造成盲目生产和重复建设,加剧投资膨胀和产业结构失调。各地滥行减免税、低水平重复建设、市场分割和地方保护主义措施纷纷出台,演化成"诸侯经济",割裂统一市场,妨碍市场

竞争和产业结构的优化升级,强化了对企业的行政干预。各级政府热衷于尽力多办"自己的企业"并对其过多干预与"关照",而对收入不属于本地区的企业则漠不关心,不能形成规范的优胜劣汰、资产重组机制。在人事任用方面,国有企业的厂长、经理对上级任用机构负责而非对企业盈利负责,存在大量的行政性直接控制或变相的行政控制,企业自主经营仍步履维艰,各种形式的"大锅饭"难以有效消除。

5.2.6　包干制对财政制度的不利影响

5.2.6.1　没有建立稳定规范的制度基础

由于各地区的财政收入分成率是根据历史"基数"由中央政府和地方政府"一对一"谈判决定的,因此很难做到公平合理。某些地区由于原来的经济发展水平低,上缴基数也低,但在被确定为改革开放的试点地区后发展很快,收入增长也很快,从这种体制安排中得益就多。而某些地区由于工业基地原来的基数高,改革开放以来发展慢,有很大的上缴任务,财政上就比较困难。在核定收支基数和上缴(或补助)比例时缺乏充分的客观性,每一次体制调整都以地方政府前期的既得财力为主确定基数。中央和地方的关系仍然缺乏稳定性,在许多具体事项上并不能划清范围,结果"包而不干",打破了统收却实际并未打破统支的局面,地方财力解决不了的事情,还是向中央要钱。分成率不公平造成各地区之间"苦乐不均",以及"鞭打快牛"。这样就违背了地区公间共服务均等化原则,造成地方政府"穷的穷、富的富"的状况。这样一来,在财政收入分成率的决定上,有不少主观任意性的财政承包制就成为一种"寻租"体制,激励人们不是从节约开支和改革政府的公共服务,而是从承包条件的决定上寻租得到好处。

5.2.6.2　削弱了中央宏观调控能力

随着"分灶吃饭"财政体制改革的不断推进,地方政府采取了某些保护地方利益的措施,税收优和减免过滥,自定某些政策藏富于企业。特别是一些地区随意减免税,导致经济秩序紊乱,造成市场的无序竞争,冲击了税制的严肃性和权威性,形成税负畸轻畸重,丧失税收公平;同时,也造成国家财政收入的大量流失。

我国财政收入占国内生产总值的比例由 1985 年的 22.2% 降低到 1992 年的 12.9%,中央财政收入占全国财政收入的比例由 1985 年的 38.4% 下降为 1992 年的 28.1%。在财政包干体制下,财政收入不能随着经济的增长而同步增长,中央财政收入不能随着财政收入的增长而相应增长。国家财政从 1979 年起连续几年发生赤字,中央财政非常困难。为了解决中央财政困难,适当集中资金进行重点建设,中央财政不得不向地方财政借款,第一次借款从 1981 年开始至 1989 年停止,9 年共向地方借款 689.77 亿元。中央收支难以平衡,两个比重下降,弱化了政府尤其是中央财政政府的宏观调控能力。而在支出方面,中央财政增支因素不断增加。两个比重同时下滑和中央支出的增加,造成了中央政府调控能力的弱化和中央财政的被动局面。

中央财政的困难促使中央下决心改变财税体制,这也是分税制改革的原因之一。分税制的出台还与当时的经济形势,以及政府和企业间的关系有关。这种政府主导的经济增长模式在很大程度上还是计划经济时期政府管理模式的翻版。中央依靠加快向地方政府的放权、鼓励地方政府的竞争来推动经济增长,企业不但没有和政府分开,而是更为密切地和地方政府的利益结合在一起。与以前几个经济快速增长的时期一样,这很快就带来了地方投资过热所导致的各种问题,包括重复建设、地区保护主义等。这种地方政府主导的模式在带来经济高速增长的同时,也形成了对于真正以市场而非行政配置资源的市场经济发展的阻碍。

所以，促成分税制改革基本背景的主线有两条：一条是中央与地方关系中中央财政的被动局面，另一条则是政府与企业的关系。财政包干制不但无法实现"政企分开"的目标，反而在一定程度上加剧了地方政府与企业的结合，这又反过来造成了中央财政能力的下降。这两条主线决定了分税制改革的集权性质，以及对政府和企业关系的深远影响。

第三节　小　结

本章分析了中华人民共和国成立后至分税制前我国财政体制走过的发展道路，这段时期分为两个阶段。

1949—1978年改革之前为统收统支阶段。在此阶段，经济实行计划体制，市场和自由交换被取消，全国变成一个大企业，被称为"企业"的经济单位只是"国家辛迪加"的一个车间或班组，不论是税收还是利润，从一开始就都属于国家。个人和企业这些经济主体已经被消融在整个计划经济中，其经济利益也就无从顾及，于是整个社会在低效中运转直至20世纪70年代末国民经济走到崩溃的边缘，而不得不选择改革之路。

1978—1993年为财政包干阶段。在此阶段，随着改革开放政策逐渐推行，"摸着石头过河"探索逐步放开、建立各种市场、承认个人、企业作为经济主体的身份和利益，私人经济主体回归。此阶段的财政体制以包干制为主，出发点是调动地方政府的积极性。它起到的作用是巨大的，使各地政府有积极性扶持地方企业，促进经济快速增长，但同时它也带来了很大的负面作用，各地在利益竞争中形成"诸侯经济"，妨碍统一市场的形成，中央财政收入的迅速下降，难以推行全国性财政政策。在市场经济体制改革方向得以确立与中央政府财政支出难以为继之际，更符合市场经济体制模式的分税制改革思路浮出水面。

第六章 分税制改革及财政支出的经济建设倾向

第一节 分税制改革(自1994年至今)

6.1.1 分税制改革的背景

全面承包给改革带来了经济快速但低质量的发展,及其内含顺周期的机制,使中国宏观经济管理能力极度削弱,导致了20世纪90年代初的通货膨胀。摆在决策者面前的是一个重大的选择:是恢复原来计划经济时代控制价格的方法,还是继续价格放开、自由浮动,用新的宏观调控方式控制需求,同时建立长期起作用的工商税制和财政管理框架。

恰逢此时,1992年邓小平同志视察武汉、深圳、珠海、上海等地,沿途发表了重要谈话。他谈到"计划和市场不是判断社会主义、资本主义标志",彻底打开了人们的眼界。在邓小平南方谈话和党的十四大精神的指引下,1994年的改革实际上选择了后一条道路,进行了价格、税收、财政和金融体制为主的配套大改革。

这次正式推出的宏观经济体制改革,根本出发点是要给中国社会主义市场经济的发展提供一个相适应的体制性框架,以期从根本上解决中国经济宏观稳定能力不足和资源配置效率低下的问题。通过这次涉及价格、税收、财政、金融、外贸、投资、企业等多个领域的整体性改革,我国基本建立了市场配置资源和在此基础上的宏观调控新体制框架。这次改革也因此成为改革开放以来最为重要的市场经济制度建设的里程碑。"这是一个长治久安的基础,是建立社会主义市场经济体制的基础。有了这个基础,目前存在的困难可以得到缓解,甚至于基本解决,大好形势就可以继续发展,经济发展速度还可以保持在一个较高的水平之上。"(朱镕基,1993)

配套改革的核心是财税体制改革,它能够解决中央与地方的财政关系、国家与企业的分配关系。1993 年 11 月,中共十四届三中全会通过了《关于建立社会主义市场经济体制的若干问题的决定》,提出了财税体制改革的要点:一是按照统一税法、公平税负、简化税制和合理分权的原则,进行税收制度改革;二是在合理划分中央与地方事权的基础上进行分税制改革,将原来实行的包干制改变为"分税制"。

6.1.2 分税制改革的主要内容

"分税制"是在国家各级政府之间合理划分事权的基础上,结合税种的特性,划分中央与地方的税收管理权限和税收收入,并辅之以转移支付的预算管理体制。它在实质上就是市场经济国家通常采用的分权型预算制度——"财政联邦主义"(fiscal federalism)体制。它的要点正在于按照各种财政支出责任的性质确定各级政府的收入和支出结构。广义的分税制改革主要包括两个方面的内容,一个是税制改革,即税种的重新划分和调整;另一个是财政体制的改革,即中央和地方重新划分和调整各自的财权与事权。

我们先来看税制改革。税制改革主要涉及 3 个方面。首先,最重要的是流转税制改革。实行统一的在生产和流通环节征收增值税并实行价外计税的办法,规定了统一的增值税率(17%),这样以前复杂烦琐的产品税被简明的增值税所代替；在征收增值税的基础上，对少数消费品再征收一道消费税；调整了营业税的征收范围，主要以3档不同税率对9个行业征收营业税。其次，所得税类改革。对于企业所得税，改变原来对国有企业、集体企业、私营企业的不同政策，实行统一税种、统一税率（33%）、统一计税标准、取消税前还贷的政策；统一征收个人所得税。最后，对其他一些税种如资源税等进行了调整，并开征土地增值税。

在中央和地方的财政体制方面，进行了以下的改革。

第一，根据中央和地方支出责任的划分，按税种来划分中央和地方的收入。税种划分为中央税、地方税与共享税三大类。中央税主要包括：消费税、关税、海关代征的消费税和增值税，中央企业所得税，铁道、银行总行、保险总公司等部门的主要税收（营业税、所得税、利润和城市建设维护税），中央企业的上缴利润。地方税包括：营业税，地方企业所得税和上缴利润，个人所得税，以及其他各种规模较小的税种。总体原则是，除增值税、资源税、证券交易税外，中央企业的税收归中央，地方企业的税收归地方。中央和地方共享税种是增值税（中央75%、地方25%）、资源税（海洋石油资源税归中央、其他资源税归地方）、证券交易税（中央与地方各50%）。

第二，实行税收返还和转移支付制度。为了保证税收大省发展企业的积极性和照顾既得利益的分配格局，分税制规定了税收返还办法。税收返还以1993年为基数，将原属地方支柱财源的"两税"（增值税和消费税）按实施分税制后地方净上划中央的数额（即增值税75%+消费税－中央下划收入），全额返还地方，保证地方既得利益，并以此作为税收返还基数。为调动地方协助组织中央收入的积极性，按各地区当年上划中央两税（增值税和消费税）的平均增长率的1:0.3的系数，给予增量返还。在分税制运行两年后，中央财政又进一步推行"过渡期转移支付办法"，即中央财政从收入增量中拿出部分资金，选取对地方财政收支影响较为直接的客观性与政策性因素,并考虑各地的收入努力程度,确定转移支付补助额,重点用于解决地方财政运行的主要矛盾与突出问题,并适度向民族地区倾斜。税收返还和转移支付制度旨在调节地区间的财力分配,一方面既保证发达地区组织税收的积极性;另一方面要将部分收入转移到不发达地区去,以实现财政制度的地区均等化目标。

第三,分设中央、地方两套税务机构,实行分别征税。同时,初步开始改变过去按企业隶属关系上缴税收的办法。按分税制的设计,所有企业的主体税种(主要是增值税、消费税和企业所得税)都要纳入分税制的划分办法进行分配。在分税制改革以前,地方政府的税务财政不分家;而分税制改革后,税务系统从财政系统独立出来并且"垂直化",各地的税务系统直接对其上级税务部门负责。由于税务部门直接隶属于国家税务总局,所以这不但能够保证中央财政收入随着地方财政收入的增长而增长,而且能够保证财政收入在国内生产总值中的比重随着地方经济的发展而不断提高。

6.1.3 实施分税制过程中的妥协

分税制无疑是中央推动的一次财政集权改革。这次改革,一方面将原来大量的地方财政收入集中于中央,另一方面也将税收权力和安排支出责任的权力集中于中央。首先,通过"财税分家"的改革,将征税的权力直接集中于中央。改革以前,税务是作为财政系统下的一个部门而发挥作用的,而财政部门是地方政府的"钱袋子",是控制和管理最为严密的部门。为了地方利益,地方政府可以通过操纵税收部门而方便地"藏富于企业"。除了在企业承包制之下税前还贷之外,地方政府还大量使用减免税和税收优惠政策。这导致减免税的范围不断扩大,许多地区擅自越权减免税收。根据中华人民共和国审计署对10个省、市工商税收减免的调查,1990年共减免流转税97亿元,占当年流转税入库数的20.7%;

1991年,19个省级财政越权违规减免税收额占违纪金额的22.7%。除了减免税之外,地方企业偷税漏税的现象也非常严重。根据某省的调查,国有企业的偷税、漏税比例达70%,集体企业为72%,个体经济和私营企业达85.5%。

分税制明确划分了中央税、地方税和共享税,对于中央税、共享税和一些重要的地方税种,税收立法权收归于中央,重要的税目税率的调整权、开征停征权及减免税的审批权也被收归中央。权力集中是和"财税分家"结合在一起的。税务部门直接隶属于国家税务总局,由过去的"块块"变为现在的"条条",税务部门的人员、工资、设备、业务都由上级税务部门管理,与地方财政"脱钩"。这种行政体制上的调整有力地保证了税务部门对地方财政系统的相对独立性,保证了中央的税收政策能够在基层得到有力的贯彻和执行。

其次,分税制最为明显的效应还是收入向中央的集中。对中央财政收入的比重而言,1994年前后有天壤之别。这主要是因为"两税"(增值税和消费税)被划为共享税和中央税造成的。1994年,这两项税收总计3089.7亿元,占当年财政收入的53.6%。其中,增值税尤为重要,共计2308.3亿元,这一个税种就几乎构成了国家税收的"半壁江山"。

虽然在实行分税制方案时遇到了省级政府的阻力,但是在中央的压力下,在几个月的时间里就得到了全国各级地方政府的认可。这一方面说明中央保持着对地方的绝对权威,另一方面也与中央在谈判中与地方的讨价还价和妥协的方式有关。中央对地方的让步体现在分税制设计的两个方面,这都与税收返还的设计有关。对于"两税"(增值税和消费税)的税收返还的设计有两个:一个设计是以1993年为返还基数;另一个是自1994年之后,返还数以"两税"增量的1∶0.3(中央∶地方)的比例增加。我们对此分别来进行分析。

6.1.3.1 分税制设计之一：税收返还基数的确定

按照分税制的制度设计，1994年中央会将从地方集中的"两税"收入按照1993年的"两税"总量（返还基数）全额返还给地方。因此，1993年的"两税"收入总量就成为直接影响中央和地方分配的关键。因为中央和地方就分税制展开的谈判是在1993年下半年进行的，此时1993年的税收决算数还没有出来，所以只要以1993年为返还基数，地方政府还可以通过努力来最终扩大1993年的"两税"总量。财政部考虑到这会促使地方以各种手段迅速增加1993年的税收总量，从而扩大地方的返还基数，减少中央在分税制后的净集中收入，所以建议以1992年的收入作为返还基数。而地方政府则强烈要求以1993年为基数。在中央政府的压力下，广东省并未坚持继续实行包干制，但是坚决要求以1993年作为返还基数，其他一些省、市也有这个要求，并将其作为支持分税制的条件。这个设计符合地方政府的利益，而1993年的全国财政收入也的确出现了异常反应：1993年的全国财政收入比1992年增长了24.8%，此前5年的平均增长率只有9.6%。这个迅速增加完全是由于地方财政增长所致。因为1993年中央财政收入比1992年下降了12亿元，地方财政收入绝对数量则增加了887.5亿元，增幅达35%。

为了增加收入以提高税收返还的基数，各地政府采取了许多手段。例如，命令已减免税的企业补缴税款，把基数抬高之后再私下返还给企业。又如，将已经倒闭了的企业或者欠税多年的企业税款通过转账或者银行借款缴税。此外，还有寅吃卯粮、收过头税等种种办法。地方的这种反应，中央虽然已经预料到，但是没有想到如此严重。时任总理朱镕基同志盛怒之下，命令财政部派遣工作组到各地检查，要"挤水分"。但是，由于地方行政、财政、银行、企业串通一气，检查的结果并不理想。

6.1.3.2　分税制设计之二:税收返还系数的确定

分税制的另一个设计是按照"两税"增长率的1:0.3来计算中央对地方税收返还。这个设计也可以看作是中央集中收入后对地方既得利益的照顾,但是情况远比以1993年税收收入作为返还基数来得复杂。按照分税制最初的设计,税收返还的计算公式是:

$$对某地区税收返还=上年度两税返还×$$

$$(1+当年税收增量/上年度两税完成数)×0.3 \qquad (公式1)$$

其中"当年税收增量/上年度两税完成数"是"两税"的增长率,但是这个增长率是按照全国"两税"的平均增长率来计算的,即分子和分母都是全国的总数,而不是该地区的实际数额。这显然对"两税"增长快的发达地区不利。我们来举例说明一下。假设1993年某省的"两税"收入为100亿元,这就是1994年的税收返还基数。1994年倘若该省"两税"收入总量增加到120亿元,则该省的增长率是20%。如果全国的平均增长率为10%,则该省1994年的返还基数为:

$$对该省税收返还=100×(1+10\%×0.3)=103(亿元) \qquad (公式2)$$

倘若按照该省的"两税"增长率计算,则:

$$对该省税收返还=100×(1+20\%×0.3)=106(亿元) \qquad (公式3)$$

可见,按照不同标准计算,该省的税收返还金额相差3亿元。按照最初的标准,发展速度较慢的省份得益。1994年7月,财政部召开了11个省的财政厅局长座谈会,对这个方案进行了修改,将公式中"两税"增长率的计算由全国平均增长率改为各省自己的增长率。这又显示出中央对发达省份的既得利益的照顾。但是令人惊讶的是,1:0.3的设计从长远来看对地方是极为不利的。还是按照我们上面的例子计算。因为消费税100%归中央,我们只计算增值税。假设某省1993年增值税为100亿元,按照每年增长20%的速度增加,那么按照公式(2),该省所得税收返还的增长率就是6%。从总量上看,时间越长,该省所得的返还数占该省税收数的比重就越小。1994年这个比重为88%,到5年以后1998年将会迅速下降到54%,10年之后则会下降到29%。从实际情况来看,这个比重下降得的确很快,地方分享增值税的比重(增量的25%部分+增量返还部分)也在迅速下降。

之所以造成这种局面,主要有两个原因:一个是1:0.3的比例中央占了大头;另一个是随着税收总量的不断增加,1993年的基数部分在税收返还中的部分已经越来越微不足道。假如按照20%的增长率计算,10年之后基数部分只在税收总量约占16%,这是典型的地方算账"算不过"中央。1997年,财政部对此出台的办法是中央财政每年拿出3亿多远补助返还下降快的地区,并补助到全国平均水平。从上述分析来看,这种设计在改革之初看上去对地方有利而得到了许多地区的支持,但是从长远看却是对中央集中收入最为有利。

但是无论如何,中央政府通过推行分税制改革顺利达到了集中地方财政收入到中央的目的。通过以上的分析,我们可以看出分税制改革极为明确的集权性质。这种集权有别于改革前"一放就乱、一收就死"的模式,不是通过上收企业的管理权限或者通过直接上收地方的财政收入来达到集中收入的目的,而是通过对税种收入在中央和地方间的重新划分来实现,集权的方式发生了重要的变化。另外一个重要的特点就是,分税制导致的集权从严格意义上来说并非是完全的财政集权,只是"财权"或者是收入的集权,财政支出责任(事权)在中央和地方之间并未出现重大的调整。分税制前后中央和地方的财政支出比重并没有出现显著的变化,一直维持了中央支出占30%、地方支出占70%的格局。

分税制导致的中央与地方间关系的变化为我们理解中国的财政分权和经济增长的关系带来了新的困惑。一个重要的问题就是,既然财政包干制下的财政分权刺激了中国的经济增长,那么分税制后的收入集权为什么没有明显地阻碍经济增长? 有些学者在研究中基本忽略了分税制带来的重要变化。他们认为,分税制并没有改变中国改革开放以来的财政分权的进程,而且分税制以后财政分权的程度仍然有所提高,所以财政分权与经济增长在统计上的紧密关系仍然说明分权对于经济增长的重要作用。这些研究的问题在于,他们只是用财政支出责任在中央和地方间的分配来衡量财政分权的程度。

财政分权在本质上描述的是地方政府相对于中央政府在财政方面独立的决策权,纯粹用收入或支出都无法全面描述地方政府的财政自主性。如果财权集中于中央政府,事权分散于地方政府,那么地方政府在行使支出责任时的独立性显然会受到中央政府的影响,因为地方政府只有依靠中央政府的财政补助或转移支付才能满足其支出要求。

事实上,分税制后中央和地方关系的最重要的变化之一就在于中央政府每年向地方政府拨付规模巨大的财政转移支付以弥补地方政府的支出缺口。转移支付显然会体现中央政府对支出责任的意志,影响地方政府的财政自主性,其中专项的转移支付尤其如此。专项转移支付是一些规定了支出用途的财政资金,俗称“戴帽资金”。地方政府在使用这些资金时,不但要严格遵循其指定的用途,而且要接受中央政府的审计。

第二节　分税制后地方政府的经济利益主体身份强化

6.2.1　分税制后地方政府的经济利益激励作用

如果我们承认财政包干制是地方经济和工业化迅速发展的主要推动力,那么分税制的效应如何?分税制是保持还是削弱了地方政府工业化的激励?这与20世纪90年代中期以来的经济增长有何关系?这需要从考察分税制下地方政府与企业的关系入手。分税制改革在将税务征收与财政分开之后，更进一步规定中央和地方政府共享所有地方企业的主体税种——增值税。也就是说，中央和地方对企业税收的划分不再考虑企业隶属关系——无论是集体、私营企业，或者是县属、市属企业，都要按照这个共享计划来分享税收。而在此之前，中央和地方是按照包干制来划分收入的，只要完成了任务，无论是什么税种，地方政府可以保留超收的大部分或者全部税收。由于中央并不分担企业经营和破产的风险，所以与过去的包干制相比，在分税制下地方政府兴办、经营企业的收益减小而风险加大了。而且，由于增值税属于流转税类，按照发票征收，因此无论企业实际上盈利与否，只要企业有进项和销项，就要进行征收。对于利润微薄、经营成本高的企业，这无疑是一个相当大的负担。再者，增值税由完全垂直管理、脱离于地方政府的国税系统进行征收，使得地方政府为保护地方企业而制定的各种优惠政策统统失效。在这种形势下，虽然中央出台的增值税的税收返还政策对于增值税贡献大的地区有激励作用，我们可以合理地推想地方政府对于兴办工业企业的积极性会遭受打击。

经验现实也与此推想若合符节。国有企业的股份制改革自1992年发动，到20世纪90年代中期开始普遍推开，而此时也是地方政府纷纷推行乡镇企业转制的高潮时期。到20世纪90年代末，虽然国有企业的改革并不十分成功，但乡镇企业几乎已经名存实亡，完全变成了私营企业。对于乡镇企业的转制，学术界有着丰富的研究，但是大部分研究是从产权结构、内部生产和管理、市场、产业构及竞争对手等方面进行解释，而相对忽略了财税体制变化对其的巨大影响。从上面对分税制的制度效应的分析可以看出，分税制无疑是促成乡镇企业大规模转制及国有企业股份化的主要动力之一。

与私有化浪潮相伴随的重要现象是，地方政府的财政收入增长方式发生了明显的转变，即由过去的依靠企业税收变成了依靠其他税收尤其是营业税。从分税制实行10年的情况来看,对于县乡级的财政而言,在地方财政收入中,增值税收入在财政收入中的比重是呈下降的趋势的。1994年改革之初,增值税占22%,营业税占20%,两者的比重差不多;到2003年,营业税已经上升至25%,而增值税下降到18%。

与增值税不同,营业税主要是对建筑业和第三产业征收的税收,其中建筑业又是营业税的第一大户。所以,地方政府将组织税收收入的主要精力放在发展建筑业上是顺理成章的事情。这种状况在2002年所得税分享改革以后尤其明显。此项改革使得地方政府能够从发展企业中获得的税收收入进一步减少,同时使得地方政府对营业税的倚重进一步加强,2002年以后营业税在地方财政收入中的占比迅速上升。从经验现象上看,地方政府在2002年以后对于土地开发、基础设施投资和扩大地方建设规模的热情空前高涨,其中促进地方财政收入增长是一个重要的动力机制。

除了预算内财政收入的结构调整带来的地方财政增长方式的转变之外,分税制改革对地方政府的预算外和非预算收入也有极大的影响。乡镇企业转制之后,地方政府失去了规模巨大的"企业上缴利润"收入,其财政支出面临巨大的压力。分税制作为一种集权化的财政改革,使得地方政府开始寻求将预算外和非预算的资金作为自己财政增长的重点。预算外资金的主体是行政事业单位的收费,而非预算资金的主体是农业上的提留统筹与土地开发相关的土地出让收入。与预算内资金不同,这些预算外和非预算的资金管理高度分权化。对于预算外资金,虽然需要层层上报,但是上级政府一般不对这部分资金的分配和使用多加限制。而对于非预算资金,上级政府则常常连具体的数量也不清楚。

分税制改革以后,为了制止部门的乱摊派、乱收费现象,中央出台了一系列预算外资金的改革办法,其中包括收支两条线、国库统一支付制度改革等,力图将行政事业性收费有计划、有步骤地纳入预算内进行更加规范的管理。但是,对于非预算资金,中央却一直没有妥善的管理办法。因此,非预算资金也开始成为地方政府所主要倚重的财政增长方式。

6.2.2 分税制后地方政府的经济利益主体身份日益明确

分税制和所得税分享改革对地方政府造成的压力,迫使地方政府通过发展建筑业和增加预算外的收费项目,以及非预算资金来寻求新的生财之道。伴随迅速发展的城市化而兴起的"经营城市"的模式正与这种需求密切相关。在改革开放前15年的第一阶段,以乡镇企业为主要动力的工业化并没有对城市化造成压力:企业坐落于农村和小城镇地区,劳动力以"离土不离乡、进厂不进城"的农民为主。因此,这个时期的工业化速度远高于城市化的速度,也可以说是城市化滞后于工业化。1994年是一个明显的分界点。1994年以前工业产值比重的年均增长速度是3.7%,而城镇人口比重的年均增长速度是0.6%;1994年以后,这两个比重的年均增长速度分别是-1.1%和1.3%,城市化的速度明显加快。这一方面与1994年开始推行的城镇住房制度改革、1998年出台的《土地管理法》有关,另一方面也与迅速发展的沿海外向型经济有关。这都促使企业、居民对城市建设用地的需求快速增长。由于大部分外向型经济位于东部沿海地区,所以在这些地区城市化发展得最为迅速,政府"经营城市"的发展模式也最为突出。要经营城市,就要大兴土木;要大兴土木,则需要大量新增的建设用地。在这个宏观背景下,土地征用和出让成为地方政府预算及非预算收入最主要的来源。

按照《土地管理法》的规定,只有地方政府有权将农业用地征收、开发和出让,供应日益紧缺的城市建设用地,并且征收农业用地的补偿费用等远低于城市建设用地的出让价格。地方政府低价征收农业用地后,进行平整、开发后,可以招拍挂等形式在土地三级市场上出让。在东部沿海地区,地方政府通过这个过程迅速积累了规模巨大的土地出让收入。利用大规模的土地出让收入和已征收的大量城市建设用地,地方政府可以通过财政担保和土地抵押的方式取得更大规模的金融贷款来投入城市建设。这样一来,"土地收入—银行贷款—城市建设—征地"之间形成了一个不断滚动增长的循环过程。这个过程不但塑造了东部地区繁荣的工业化和城市景象,也为地方政府带来了滚滚财源。

这些财源除了包括通过土地征收、开发和出让过程中直接得到的土地收入之外,还包括城市建设过程中迅速增长的以建筑业、房地产业等营业税为主的预算财政收入,这些收入全部属于地方收入,无须与中央政府共享。所以说,随着城市化的迅速发展,地方政府的预算收入和非预算资金(土地收入)呈现出双双平行的增长态势。因此,21世纪激烈的城市化过程是与地方政府"经营城市""经营土地"的行为取向密不可分的。在此过程中,地方政府形成了推动地方经济和财政收入双双增长的新发展模式,这一模式也显示出了地方政府经济利益主体的身份。

财政收入最终要体现在财政支出上,政府作为提供公共服务的主体,是否将追逐来的社会财富用在公共福利支出方面了呢?对政府财政支出安排的考察和分析可窥见其是否在真正地逐利。下一节的内容就对此做出回答。

第三节　分税制后地方财政向经济建设支出的倾斜及其原因分析

6.3.1　财政支出的总体规模

财政支出规模与结构是政府职能的体现。为了了解中国财政收支规模的现状,笔者结合多方面的统计资料,按国际标准对中国的财政支出进行全口径的考察,并以此为基础讨论我国2003—2012年财政支出规模和结构与存在的问题。

6.3.1.1　核算财政支出规模的困难及其解决办法

目前,我国财政部门公布的财政支出仅为公共财政支出,这并没有涵盖所有为行使政府职能所发生的财政支出,大量资金被排除在这一口径之外。为核算国际可比意义上的财政支出规模,首先要按照国际标准确立我国全口径财政支出的口径。按照IMF(2001)的《政府财政统计手册》,我国的财政支出至少应包含公共财政支出、政府性基金支出、预算外支出和社保基金支出。

其中,预算外支出自2011年开始已全部纳入公共财政支出;政府性基金支出包含了土地出让金对应的支出;社保基金支出应仅包含针对企业职工的五项社会保险基金,针对居民的社会保险基金支出已核算在公共财政支出范围内。社会上普遍关注的国企利润,按照IMF(2001)的界定,是公共部门而非一般政府部门的资金来源。当前我国的国有资本经营预算所对应的资金支出,并未分红到政府账户内,而仅在国有企业内部循环使用,因此本书未将其视为全口径财政支出的一部分。以上核算的全口径财政支出均有对应的财政收入来源。除此之外,政府还可以通过举债的方式获取资金用于财政支出。在这方面,中央政府的国债或代地方政府发行的债务对应的支出已包含在公共财政支出之内,但21世纪以来愈演愈烈的以地方融资平台为主体的地方政府性债务并未包含在以上口径中。地方融资平台虽然一般以国有企业的形式存在,但其运转实质是行使政府职能而非企业行为,因此其每年的资金使用应包含在我国的全口径财政支出之内。

总结而言,我国的全口径财政支出应包含公共财政支出、预算外支出、政府性基金支出、社保基金支出、以地方融资平台为主体的地方政府性债务增量对应的财政支出五个部分。考虑到政府性基金包含的土地出让金规模庞大,且使用范围的性质较为复杂,本书将其独立出来处理。确立了全口径财政支出的口径,还需要注意不同类财政支出之间的重复计算问题:一是公共财政支出中每年有向五项社保基金的较高补贴,本书将其从五项社保基金总支出中予以扣减;二是土地出让金支出的一部分要形成国有土地收益基金、新增建设用地土地有偿使用费、水利建设基金等政府性基金的一部分,这部分支出资金也应予以扣除。同时,土地出让金支出的一部分是用于对拆迁户的补偿,这部分资金不宜于认定为财政支出。然而,在各年土地出让金支出中究竟多少比例用于上述类别的支出,缺乏可得数据。为此,笔者参考陈多长、洪丹萍(2012)对若干城市的考察,以及土地出让金相关管理制度的出台时间,对土地出让金对应的财政支出采取简化的折算处理方法:2003—2006年按其支出总额的65%折算为财政支出,2007年和2008年两年按60%折算,2009—2012年按55%折算。地方融资平台每年的增量是全口径财政支出的一部分,但目前没有政府机构公布这一数据,仅有审计署在2011年公布了2010年年末全国地方政府性债务余额,以及在2013年公布的36个地方政府2012年债务余额。本书将利用审计署这两份审计报告所提供的债务余额数据,以及历年的债务增长率数据推算每年的债务增量。

6.3.1.2　财政支出规模核算结果

按照以上所列示的统计口径和核算方法,表6-1列出了2003—2012年中国全口径财政支出的总额、各构成项及总额占国内生产总值的比重。从表6-1中可以看出,我国全口径财政支出的总额从2003年的约4.2万亿元逐年上升,到2012年已达约17.2万亿元,10年时间增长3倍有余。从各构成项看,公共财政支出、五项社保基金支出、土地出让金折算财政支出一直稳步增长,地方融资平台增量对应的财政支出在2009年前后变化很大,这几项构成全口径财政支出的主体部分。其中,公共财政支出占全口径财政支出的比重也稳步增加,已从2003年的58%上涨到2012年的73%。从占国内生产总值的比重来看,我国的财政支出在2008年之前一直稳定在31%左右。到2009年,受全球金融危机的影响,我国出台了"4万亿"经济增长刺激计划,全口径财政支出比重跃升至约41%,2010年依然维持在37%的高位,到2011年、2012年快速回落到33%的水平。

表6-1　我国2003—2012年全口径财政支出规模估算 （单位:亿元）

年份	公共财政支出	预算外支出	政府性基金支出	五项社保基金支出	土地出让金折算财政支出	地方政府性债务增量	全口径财政支出	占国内生产总值比重（%）
2003	24649.95	4156.36	2138.62	3446.40	3523.85	4424.72	42339.90	31.17
2004	28486.89	4351.73	2511.98	4036.87	4167.91	4661.84	48217.23	30.16
2005	33930.28	5242.48	2936.23	4732.70	3824.48	5888.84	56555.00	30.58
2006	40422.73	5866.95	3496.13	5526.99	4606.13	7438.78	67347.72	31.13
2007	49781.35	6112.42	3681.41	6776.83	7290.00	9396.67	83038.68	31.24
2008	62592.66	6346.36	5261.07	8481.10	6225.00	10589.08	99495.27	31.68
2009	76299.93	6228.29	4371.65	10525.87	7680.20	34481.64	139587.58	40.95
2010	89874.16	5754.69	7675.08	12843.58	16010.47	17005.88	149163.86	37.15
2011	109247.79	——	10222.71	15720.52	17127.23	6934.22	159252.47	33.66
2012	125952.97	——	7650.85	17086.69	14680.34	6934.22	172305.06	33.18

注:①表中公共财政支出等数据分别来自历年《中国财政年鉴》或历年全国人民代表大会预算报告。②土地出让金财政支出部分单独核算,未包含在政府性基金支出之内,且在不同时间段内按不同比例对其总支出折算所得。③五项社保基金支出按《人力资源与社会保障年鉴》公布的支出数据扣除当年公共财政补贴核算。④地

方融资平台债务增量按审计署2011年第35号公告、2013年第24号公告数据推算所得,其中2011年、2012年数据是用36个地方政府债务余额的年度平均增速作为全国增速推得。

从估算的结果来看,10年中我国财政支出规模增长较快。一般来说,衡量财政支出规模较为合适的指标是财政支出占国内生产总值的比重。按照这一指标,我国财政支出规模过去十年均超过30%,近年来维持在33%以上,较为接近发达国家财政支出规模较低国家(如韩国、美国等)的水平。另外一个突出特征是波动较大,主要表现在受2009年出台经济增长刺激计划的影响,财政支出占国内生产总值比重从2008年的约32%跃升至2009年的约41%。另外,在全口径财政支出中,通常所说的公共财政支出只是其中的一部分,社保基金支出、土地出让金对应的支出、政府性基金支出都是其中的主要部分。尤为值得关注的是地方政府性债务增量,它对于财政支出规模波动的影响特别大,反映出我国常规的财政管理制度无法有效监管这部分支出。

6.3.2　财政支出向经济建设的结构性倾斜

6.3.2.1　比较分析财政支出结构的方法

财政支出结构反映了对应各项政府职能在国家政策体系中的优先程度。分析中国财政支出结构面临两个困难:一是财政支出的分类方式与国际标准有所差异;二是有详细支出分类数据的仅限于公共财政支出,其他类财政支出未涵盖在内。这种状况导致无法将中国财政支出结构与其他国家直接进行对比。笔者主要是尝试性地按以IMF等国际组织的财政支出功能性分类标准,对中国财政支出数据进行分类调整以核算新的国际可比财政支出结构,并将其与若干OECD成员国加以比较。

6.3.2.2　公共财政口径的财政支出结构

如何将中国公共财政支出数据按照国际货币基金组织制定的功能分类标准进行调整，表6-2是按照这一方法重新核算的2012年中国财政支出结构，以及与部分OECD成员国2010年数据的比较，其中"中国1"仅限于公共财政支出，"中国2"将社保基金的支出包含在内。

表6-2　中国与OECD成员国财政支出结构比较估算　　（单位:%）

支出分类	中国1	中国2	美国	法国	德国	英国	日本	北欧三国	转型三国
一般公共服务	13.49	11.48	11.70	12.21	12.84	10.56	11.50	12.19	14.14
国防	5.85	4.98	11.94	3.72	2.32	5.37	2.20	2.93	2.59
公共安全	6.63	5.64	5.39	3.00	3.36	5.18	3.20	2.26	4.19
经济事务	22.82	19.41	9.60	6.02	9.89	6.18	9.60	8.13	13.03
环境保护	3.33	2.84		1.77	1.47	1.99	2.90	0.99	1.68
住房和社区设施	11.31	9.62	2.34	3.36	1.47	2.58	1.96	1.19	1.69
医疗卫生	6.29	9.10	20.84	14.16	14.95	16.33	16.95	14.89	13.10
文化体育传媒	2.34	1.99	0.70	2.65	1.68	2.19	0.98	2.64	3.23

续表

支出分类	中国1	中国2	美国	法国	德国	英国	日本	北欧三国	转型三国
教育	17.41	14.81	15.69	10.62	9.05	13.74	8.84	13.42	11.53
社会保障就业	10.53	20.15	21.55	42.65	43.16	35.66	42.26	41.41	34.87

注:①北欧三国分别为瑞典、丹麦和挪威;转型三国分别为匈牙利、捷克斯洛伐克和波兰。②在合并时均采用了先计算各国财政支出比重,然后简单平均计算的方法。③"中国1"将中国2012年公共财政支出决算数据按照OECD的分类方法重新分类,使之能够进行比较。"中国2"除对公共财政支出进行重新分类之外,还将社会保险基金支出纳入财政总支出中。具体方法是利用"2012年度人力资源和社会保障事业发展统计公报"中的资料,将城镇基本医疗保险支出分配到"医疗卫生"项中,剩余的社会保险支出扣除公共财政对社会保险基金的财政补贴,分配到"社会保障和就业"项,再计算各个功能分类的比重。

　　从表6-2中可见,不同发达国家的财政支出结构有所差异,但共性还是很明显。经济事务支出比重均不超过10%;住房和社区设施对应的基础设施建设比重为2%~3%,德国和北欧国家在1%左右;环境保护和文化、体育、传媒已是政府的重要职能,但所占财政支出比例不高;政府支出的重点是医疗卫生、教育、社会保障就业这些社会事务,欧洲国家和日本均在70%左右,美国也接近60%。其中,美国的医疗卫生和教育支出比重较其他发达国家更高,但社会保障就业支出比重较低。其原因在于,美国的养老保障体系较为依赖于企业,而其医疗卫生总费用远超其他发达国家。将发达国家、转型国家与我国进行比较,可以获得很多有价值的信息。与OECD发达国家相比,当前我国财政支出具有明显的重经济建设、轻社会福利支出的特点。从表6-2的数据来看,社会保障和就业、一般公共服务、医疗卫生、教育是OECD各成员国财政支出的主要项目。

而我国的经济事务(包括农林水、交通、工商金融等项目)支出比重异常高,远超OECD诸国。在仅考虑公共财政支出的情况下,我国的经济事务比重为23%。即使是与中国类似从计划经济向市场经济转型的匈牙利、捷克斯洛伐克、波兰三国,这一比重也仅为13%。在以基础建设为主的住房和社区设施项,中国的比重也大约是其他国家的3倍左右。综合这两方面的情况来看,即使仅以公共财政支出为考察对象,我国的经济建设支出比重远超OECD诸国,达到30%以上。另外,我国的医疗卫生支出比重较其他国家显著低。

当然,仅以中国公共财政支出核算的财政支出结构与OECD国家比较有不合理之处,典型的如未将五项社会保险基金的支出核算在内,而OECD的数据均包含了这部分支出。"中国2"将五项社会保险基金的支出计入社会保障与就业的支出中,但如表6-2所示,此时我国的经济事务支出和城乡社区事务支出的比重,依然远超OECD诸国,而医疗卫生支出较OECD国家显著较低,总体上在其一半左右。社会保障和就业支出的比重接近于美国,但与其他国家相比差距较大,如与转型三国的差距也在15个百分点。

6.3.2.3 全口径财政支出结构

以上分析尚未包含全口径的财政支出,而是将大量政府性基金(包含土地出让金)、地方政府债务的支出排除在外。表6-3将2012年中国全口径财政支出涵盖在内,估算财政支出结构。由于公共财政之外的财政支出数据无法获得细分数据,表6-3将IMF分类中的十项功能分类,归结为基本政府职能支出、经济建设支出、社会福利支出三大项。对公共财政、社会保险基金之外的支出,按其具体性质,表6-3将政府性基金中如地方教育附加费支出、彩票公益金支出等归到社会福利支出,其他计入经济建设支出;土地出让金支出与地方政府性债务支出的10%计入社会福利支出,其他计入经济建设支出。

表6-3　中国全口径财政支出结构及与OECD国家的比较　　（单位:%）

支出分类	中国	美国	法国	德国	英国	日本	北欧三国	转型三国
基本政府职能支出	20.81	29.03	20.7	19.99	23.1	19.8	18.37	22.6
经济建设支出	38.67	11.94	9.38	11.36	8.76	11.56	9.32	14.72
社会福利性支出	40.51	58.78	70.08	68.84	67.92	69.03	72.36	62.73

注:基本政府职能支出包括一般公共服务、国防、公共安全、环境保护;经济建设支出包括经济事务、住房和社区设施;社会福利性支出包括医疗卫生、文化、体育、传媒、教育、社会保障就业。

如表6-3所示,按照全口径财政支出来分析,我国的经济建设支出(经济事务和城乡社区事务)比重为38.67%,远高于OECD成员国中发达国家10%左右的水平,也高于转型三国14.72%。而医疗卫生、社会保障就业、教育等社会福利支出的比重为40.51%,较OECD成员国60%~70%的比重低20个百分点以上。需要注意的是,以上结论是以2012年全口径财政支出的数据核算的结果,如以2009年或2010年地方政府性债务规模庞大时的数据来核算,则我国财政支出的经济建设色彩更为严重。在基本政府职能支出比重方面,我国的数据与OECD成员国较为接近,没有明显差异。其中美国的基本政府职能支出高达29.03%,主要原因是其担当着"世界警察"的角色，国防支出较高所致。

总结来看，表6-1和表6-2按不同口径财政支出结构进行比较的结果来看，发达国家当前财政支出体现的政府职能主体是教育、医疗卫生和社会保障就业等各项社会福利事业，而我国的重点依然是经济建设事务。各项社会事业的支出比重近些年来已经大幅增加，但与发达国家比较差距依然明显。这从国际比较的角度反映我国财政支出的经济建设色彩较为突出，虽然我国的公共财政开始了逐步覆盖农村的进程，财政支出越来越向以教育、就业、医疗、社会保障和住房为代表的基本民生事项倾斜，我们已经获得了重要进展，但社会福利性支出依然存在较严重的不足。

财政支出的规模与结构应与经济发展阶段与现实国情相适应。当前我国财政支出规模较高，支出结构中经济建设性支出比重较大等现象，主要是由我国基础设施建设高峰期和社会福利体系建设"双碰头"的特殊国情所决定。财政支出规模过大不利于经济增长。但未来以环保、水利等为主要方向的公共投资压力依然不轻，继续加强社会福利体系建设是"改善民生"施政目标的必然要求。为此应严格控制一般行政性支出，通过加强管理逐步压缩经济建设性支出，继续加大社会福利性支出比重，从而在总体上适度控制财政支出规模。随着基础设施建设高峰期的逐步渡过，财政支出结构要向以社会福利性支出为主体、经济建设性支出比重不断降低的组合转变。

6.3.3　财政支出倾向于经济增长的原因分析

中国地方政府在安排支出结构上存在明显的偏向：在基本建设上热情高涨甚至过度供给，而在人力资本和公共服务上则缺乏动力、供给不足。人力资本投资和一些公共服务的投入对经济增长和提升居民福利的重要性不言而喻。那么，究竟是什么原因导致中国服务性支出比重无法提高,又是什么使得中国的财政分权在公共支出结构上有如此特别的表现呢?

6.3.3.1　中国式分权:为增长而竞争

一种极为流行的看法认为,对于公共服务投入不足是由分税制改革财权上收之后出现的收支责任的缺口所导致的。这个简便的解释远远不是问题的全部答案。如果注意到分税制改革设计中明确以基数法保证了地方政府的财政收入,而1994年后地方预算内财政支出增幅没有明显下降,那么至少从中央和省之间的分税制改革来看,收支权责的不对等只是省级政府的借口。更为重要的原因是,由于对科教文卫投资在短期经济增长效应不明显,在中国以国内生产总值考核为主的官员晋升体制下(Li,Zhou,2005),地方政府存在忽视科教文卫投资、偏向基本建设的制度激励。

中国式财政体制的核心内涵是经济分权与垂直的政治治理体制的紧密结合。经济分权最重要的积极意义在于,中国式的财政分权向地方政府和企业提供了经济发展的激励。如果说家庭联产承包责任制解决了中国农村和农民在20世纪80年代的激励问题的话,那么城市和非农业人口的激励则是和对地方政府的放权紧密结合在一起的。从20世纪70年代的放权让利到20世纪80年代的“分灶吃饭”,再到20世纪90年代的分税制改革,如何合理划分中央和地方的利益关系、调动地方政府的积极性,不仅始终是我国财政体制改革的要点,而且也是整个经济和政治体制改革的突破口。

针对中国的经济分权同垂直的政治管理体制紧密结合的特殊性,傅勇,张晏(2014)从这一中国式分权视角讨论了地方政府支出结构偏向的激励根源。他们的主要结论是:中国的财政分权,以及基于政绩考核下的政府竞争,造就了地方政府公共支出结构“重基本建设、轻人力资本投资和公共服务”的明显扭曲;并且,政府竞争会加剧财政分权对政府支出结构的扭曲,竞争对支出结构的最终影响则取决于分权程度,而1994年之后包括"科教兴国""西部大开发"在内的现行重大政策并没有缓解这种状况。

这些结论在控制了时间趋势和其他一些因素之后,仍严格成立。在政策含义上,他们的研究表明,1994年以来财权的相对集中本身并没有导致科教文卫支出比重的下降,官员的晋升激励压力才是问题的关键;同时,地方政府的支出结构扭曲并不会随着经济发展而自动得以纠正。这表明,只要中国式分权的激励结构不变,地方政府就没有内在动力提升在教育和公共服务上的支出比重,一些意愿良好的政策就缺乏"自动实行"的机制。从这个意义上说,在认同加强转移支付对于改善地方公共服务提供具有积极意义的同时,我们更想强调的是,中国的政绩考核机制有促使地方政府减少科教文卫支出比重的潜在激励,单纯依靠理顺收支关系、健全转移支付体制无法根除此种扭曲。

6.3.3.2 应以公共化目标作为政府官员的激励和约束

傅勇,张晏认为,如何从根本上改变地方行为的激励应该成为未来政策的主要着力点。除了应逐步放开限制"用脚投票"机制发挥作用的户籍制度以外,进一步推进市场化进程也将提供有效约束政府行为的外部环境。此外,改善政绩考核的机制是必然的一步。时下的主流意见认为,不能以GDP论英雄,应该加入其他方面的考核指标(如构造绿色GDP)。可是,指标复杂之后考核就会变得没有效力。更为有效的考核是"自下而上"的考核,因为没有人比辖区里的居民对当地官员的表现更关心且更有发言权了。虽然政府间的竞争整体上具有诸多积极意义,但是其竞争的内容需要从简单的增长导向转为公共服务导向。本质上,如何保持地方政府的适度积极性,同时实现由生产型(功能型)财政向公共型财政的转型是我们必须面对的重大挑战之一。

第四节　小　　结

　　分税制是更符合市场经济体制的财政体制。我国的分税制在推行时为了降低改革成本,政府在与地方政府谈判时做了必要的妥协。分税制实行后,其他配套制度未能及时跟进改革,如财政支出制度的匹配,对官员业绩考核向公共服务方向转化等。相反,在垂直的政治管理体制下,经济增长目标一直主导着官员的政治业绩,地方政府在分税制后的经济主体身份愈加明确,以土地征用、出让、推动建筑业和房地产业以谋求更多的营业税为主要财政收入的逐利行为越来越明显。而在财政支出中,公共服务支出严重弱于经济增长支出则是这种现象的证明。地方政府提供公共服务的主体身份被逐利的经济主体身份遮盖住,这已经与逐渐转向公共财政体制发展轨道的顶层设计严重背离。

第七章 分税制下各级政府权责的混乱及其后果

　　中国的财政体制是所谓"下管一级的体制,即中央与省、省与地市、地市与县、县与乡镇分别制定两级政府间的财权与事权的划分方法。这意味着中央不会对省以下的政府间财政体制进行过多干预,而最基层的县与乡镇间的财政体制也甚少受到来自中央、省、地市的直接干预,有着相当大的自由度。这种"下管一级"的办法实际上决定了中国政府间财政关系的基本分权格局。

　　但是,中央和省之间的财政体制对于下辖各级政府间的体制起着示范的作用,下级政府间的体制通常会与中央与省(自治区、直辖市)之间的体制大致相似。同时,中央与省之间财政体制的变化,会引起省级政府财政状况的变化,这种变化又会逐级通过重新制定或者调整与下级政府的财政体制而向下传递,间接地影响到基层政府之间的财政关系。"下管一级"的办法是与中国地域辽阔的国情紧密相关的,它能够使得政府间关系保持一定程度的弹性,既可以与中央"保持一致",又可以根据各地的实际情况"因地制宜"。

　　1994年分税制改革的影响正是通过这种间接的方式逐级向下传递,影响到各地基层政府间的关系。但是这种影响在经过政府的层级之后,在基层政府间会产生比较复杂的变化,以致与上级政府间的体制"貌同神异";同时,由于中国各地区间的巨大差异,更使得基层政府间的体制在形态上千差万别。为了将政府间权责不清所导致的影响分析清楚,笔者将我国中西部与东部的情况分开讨论。首先讨论我国中西部的状况。

第一节　中西部县乡财政困难所导致的
常规性负债

7.1.1　县乡的财政体制

我国中西部地方政府间实施的"层层分税制",鲜明地展示出分税制对于省以下政府间财政关系的影响。中央政府虽然只是规范了与省级之间的税收分配关系,但是却如"一石激起千层浪"般地使得省以下各级政府纷纷进行分税种的税收分享改革。分税种的收入分享是世界各国,尤其是发达国家普遍采用的财权划分体制,许多国家都通过立法明确了各级政府在各种税收上所应占的分享份额。但是,中国在分税制影响下所形成的全国范围的税收划分体制,却具有明显的区域差异。我们看到,在分税制的效应向下传递的过程中,地方政府不断扩大税收分享的范围,从增值税扩展到所得税,又扩展到营业税、耕地占用税等许多税种,虽然分享的种类、比例五花八门,但是税收层层向上集中却是一个普遍的趋势。这与分税制前逐级向下包干形成了鲜明的对比。

7.1.1.1　"层层分税制"对财力的集中

"层层分税制"迅速向上集中了财力,"基数包干法"又对下级财政的增收施加了巨大的压力,而转移支付又没有迅速到位。这就是分税制推行之后中西部地区的县乡财政面临的基本局面。基层财政最直接的表现为20世纪90年代中期以后迅速变得异常突出的农民负担问题。

对于农民负担问题,学术界除了谴责地方官员的贪婪之外,很快就注意到了这个问题的实质并非基层官员的集体道德败坏,而是和基层的财政状况有关系。一项较早的研究利用零散的实地材料指出，影响农村稳定和农民负担问题的根源在于县乡的财政状况出现了恶化的趋势。此后，学术界和政策研究界都开展了大量关于地方基层财政的研究。研究发现，我国中西部地区的县乡财政普遍属于"吃饭财政"，即几乎全部的财政支出都是用来支付财政供养人员的工资。比较权威的数据来自国务院发展研究中心于2002年对湖北、河南、江西三省的3个县和十几个乡镇的实地研究。在这些被调查的乡镇内，绝大部分不能及时发放财政供养人员的工资，有许多乡镇经常是半年期间只能发放一个月的工资。即使只按工资支出来计算，几乎每个乡镇也都面对巨大的财政缺口，用作者的话来说，这些地区已经即使是"吃饭财政"也谈不上，是典型的所谓"讨饭财政"。另外，根据周飞舟（2012）在2003年和2004年于黑龙江省和湖南省的调查，一年之内只发2~3次工资的乡镇占了大部分。在回答有关"你认为最困难的工作任务是什么"的问题时，绝大部分乡镇领导的答案是"找钱发工资"。工资的拖欠问题严重影响了基层政府的士气和工作效率，并且成为新增政府债务的主要原因之一。

2002年，中华人民共和国审计署对中西部地区10个省的49个县进行了调查，发现截至2002年9月，有42个县（市）（占调查县的85%）累计欠发国家规定的工资18亿元（其中2002年1~9月新欠1.32亿元），是1998年年底欠发额的3倍多，并且有愈演愈烈之势。普遍而大规模的工资拖欠，显示出当时县乡财政的危机。一般而言，"保工资"是基层财政，尤其是乡镇财政的首要责任。之所以叫作"吃饭财政"，就是因为其中心任务就是发工资。工资能否及时发、能否拖几个月发，都直接涉及乡镇领导的名声和乡镇工作人员的士气。再者，工资拖欠是最容易引发上访问题的因素，而上访是所有乡镇干部工作中的"大忌"。上访和计划生育的"超生"一样，对乡镇干部来说是"一票否决制"，即使全年的工作做得再出色，但只要发生上访就将全年的工作成绩全部抹掉。另外，在绝大多数乡,在绝大多数县和乡镇,工资发放的大头是中小学教师工资,一般会占到工资支出的一半以上。而拖欠教师工资对于地方政府来说也是一项易于受责的工作失误。总而言之,拖欠工资是县乡财政困难的最明显的标志。

但是,从另一方面来理解,全国中西部地区普遍性的工资拖欠似乎尚有令人不解之处。我国的财政预算实行的是"平衡预算",无论是中央还是地方各级政府都没有明显的财政赤字,所以单从预算上看,拖欠工资是看不出来的。就像工资拖欠这个现象本身是靠实地调研揭示出来的一样,工资拖欠的真实原因也要靠实地的调研才能回答。

7.1.1.2 乡镇财政的虚假收入

在层层分税制下,工商税收普遍纳入乡镇政府的收入基数中去,要求乡镇政府保证乡镇工商税收的连续增长。在税费改革以后,工商税收成为考核乡镇干部的最重要指标。要维持运转和完成收入基数,向农民收费或者向村庄摊派在目前税费改革大力推行的时候是不可行的,对有的乡镇干部的话来说,这是踩不得的"高压线"。但是收入任务要完成,乡镇又要开门上班,办法只有一个——借钱。因此,财政收入中较大的"水分"就成为一个突出的现象。值得注意的是,在目前的制度安排下,这些虚假收入并非只是一些"数字",而是一笔笔必须上解到县财政国库的真实资金。虽然这些资金中的大部分都会被县财政当作乡里的工资款拨付下来,用俗话说是"羊毛出在羊身上",但是乡镇政府必须先筹集到足够的财政收入上解才行。在这种情况下,乡镇政府不得不"各出奇谋",想尽办法来调用、转借其他的资金以填补财政收入的"亏空"。因为如果财政收入达不到基数,县财政的工资补助收入也不会全额下拨。一种比较常见的办法是,将一笔非预算资金"调入"预算内作为财政收入上缴县国库,县财政再把这笔资金当作预算内的财政支出(例如工资)拨付给乡财政,这样一笔非财政收入实际上是被当作财政收入在县、乡之间

"转"了一圈,所以有些地方财政干部将这种办法称为"空转"。用于"空转"的资金来源是多种多样的:有不能算作财政收入的预算外资金,有从农民手里收来的各种收费,还有银行的贷款或者民间的高利贷。

随着农民收费的减少和银行惜贷,用于"空转"的资金越来越依赖于民间的高息借贷。至此为止,我们对工资拖欠问题有了一个明确的答案,即乡镇政府通过筹借资金"完成"了财政收入的包干基数,在上解县级财政又得到县财政拨付的工资款之后,必须先拿出一部分去偿还调用、转借和借贷来充作财政收入的资金,这样才导致了工资的拖欠和乡镇财政运转的困难。如果不能及时偿还,便形成了基层政府的负债。这样,乡镇政府就陷入了一个两难的境地:如果要及时全额发放工资,就会形成负债,而且由于借款多来自于企业和民间,不偿还就丧失了"信用",以后就会告贷无门;如果要及时全额还清贷款,工资就发不了,而"保工资"是乡镇领导的第一要务。实际的运行策略是,工资发一些,旧债还一点。结果工资拖欠避免不了,债务也越积越多。"讨饭财政"在"虚假收入"之下不断运行的结果,会累积由目前的财政体制造成的常规性债务。这至少在某些地区的乡镇的确存在。

第二节　东部地区的土地财政

7.2.1　土地征用和政府的土地收入

从中央和地方关系的角度看,由于分税制只集中了地方的预算收入,而没有改变中央和地方政府的支出格局,所以中央集中的收入仍然需要通过转移支付由地方政府支出。需要注意的是,经过这种"一上一下"的过程,地方政府可以自由支配的财政收入份额大为减少,但地方的支出压力并没有减轻,而且还有上升的趋势,这就是学界通常所说的分税制"财权层层上收、事权层层下移"的效应。

这种制度压力使得地方政府开始寻求新的地方财政收入增长的源泉。作为财政包干制下形成的追求财政收入增长的利益主体,在分税制后,地方政府的这种利益主体意识非但没有削弱,反而在支出压力下被大大加强了。对于地方政府而言,急迫的问题是如何寻求新的、可以自主支配的财政收入来缓解支出的压力。在21世纪,随着大批国外投资的涌入和中西部劳动力的大规模迁移,沿海地区的工业化和城市化带来了城市建设用地的短缺,城市用地制度和农地征用制度的改革为地方政府大规模征用、开发和出让土地提供了经济需求和制度保障。

7.2.1.1 土地征用

目前我国土地的所有权有两种形式:全民所有制和集体所有制。全民所有制即国有土地,我国所有的城市土地均为国有,按照1982年的《中华人民共和国宪法》(修正案)规定,"城市的土地属于国家所有"(第10条);集体土地所有权则属于农村集体。土地征用是国家依照法律规定的条件和程序,将集体所有的农村土地收归国有的一种措施。在城市化过程中,如果需要进行建设而使用土地,其产权性质必须是"国有土地"而不能为"集体土地",这里的国有土地"包括国家所有的土地和国家征收的原属于农民集体所有的土地"(第43条)。这就意味着,在城市建设中,如果需要使用原有的集体土地,就必须通过征地改变集体土地原有的产权性质。首先将集体土地转变为国有土地,然后才可以在土地市场上通过出让、划拨、租赁和转让等不同形式将土地转让给土地使用者。土地从农村集体所有转变为城市国有的过程,就是土地征用过程,这通常是由地方政府完成的。

农村地区的土地是集体所有制,在2002年《中华人民共和国农村土地承包法》之后,虽然名义上仍然是集体所有,但作为发包方的村集体一般在长时段内无权终止、收回、调整农户的承包权;而农户的承包权,不仅可以获得相应的收益,而且可以在农村自由转让。可以说,在2002年之后,农户承包地的转让权得到了承认和清晰的界定:土地转让权属于承包方(承包农户)而非发包方(集体);转让权不受任何组织或个人的强迫或阻碍;转让形式可以包括转包、出租、互换等多种形式;转让权的价格由当事人决定;转让权的收益由承包方所得。但是,这种对于农民土地转让权的保护,仅仅限于"土地的农业用途",而一旦土地用于非农业用途,《中华人民共和国土地承包法》则失去了效力。农业用地转变为非农业建设用地,依据的法律为《中华人民共和国土地管理法》。按照1998年的《中华人民共和国土地管理法》,"国家为了公共利益的需要,可以依法对土地实行征收或者征用"(第2条)。"对土地实行征收"的权力是被国家垄断的。土地征用的主体是国家,土地征用是一种政府行政行为。在特定的地域范围内,地方政府代表国家行使征地的权力,地方政府代表国家垄断土地资源,而土地征用这种以法律形式固定下来的政策,成为国家以强制性力量占有和取得农村资源的一个重要手段。

土地征用并非无偿,而是需要给予原所有者(集体)与使用者(农户)一定的补偿,其补偿的核心原则是按照"被征收土地的原有用途"。以耕地为例,对征收土地的补偿一般包括下面三个部分:(1)土地补偿费,即耕地被征用前3年的平均农业产值的6~10倍;(2)安置补偿费,即需要安置的农业人口数×耕地被征用前3年的平均农业产值的4~6倍(注:需要安置的农业人口数=被征收的耕地数量/征地前被征收单位人均耕地占有量);(3)地上附着物和青苗补偿费,这部分由地方政府规定。

在政府将集体农业土地通过"土地征用"这一过程转化为"国有土地"之后,"单位和个人"因为进行建设而需要使用土地的,就可以"依法申请使用国有土地"(第43条)了。这是我国城市化过程中用地的主要来源。国有土地的出让权力,垄断在国家手中,除了国家之外,"任何单位和个人不得侵占、买卖或者以其他形式非法转让土地"(第2条)。

土地使用方并非无偿获得土地使用权。使用国有土地的建设单位需要向政府缴纳"土地出让金"。在这一过程中,我国使用的是"国有土地有偿使用制度"(第2条)。除去一些"公益事业"用地可以通过"划拨"方式获得之外,建设单位使用国有土地,主要需要通过"有偿使用分式"获得。"以出让等有偿使用方式获得国有土地使用权的建设单位","……缴纳土地使用权出让金等土地有偿使用费和其他费用后,方可使用土地"(第55条)。

7.2.1.2 政府的土地收入

土地收入是指政府通过征税、收费或者经营形式获得的、与土地征用和出让有关的收入。其中,既包括了通过土地出让得到的土地出让金,又包括了各种与土地有关的税费收入。严格来说,土地出让金并非政府的财政收入,而是通过土地开发和出让得到的"准经营"式的收入,是土地使用方"一揽子"向政府缴纳的整个使用权期限内的租金。

至于税费收入部分,在当前的税收制度下,很少专门针对土地征用、出让的主体税种和收费,政府与土地有关的各种收入分散在各种零散的税种和收费之中,缺乏系统而专门的统计,因此分析必须将这些收入从政府的税费中"过滤"出来。由于受到资料的细致程度的限制,此处进行的只是一个大致准确的分析。税费种类繁多、地区差别巨大,土地出让金部分则比较整齐并且数量巨大。土地税收作为财政收入的重要组成部分,难以在统计和管理上准确地"离析"出来,这是旧有税制不能适应地方经济结构变化的结果。在当前的税制结构下,土地税收显得混乱而分散,其呈现形式也非常多样化,并且土地本身的直接收入主要依靠一次性税收,而间接收入又主要依靠建筑业,这都会在一定程度上激励地方政府扩大征地范围、铺张建筑摊子,而忽视经济发展和税源的可持续性增长。

7.2.2　土地出让金的取得和使用

土地出让金不是税费,而是政府出让土地得到的租金。这笔租金实际上是一笔支付的多年租金,从资金性质上来看,是用地企业的预付资金。为了方便起见,我们用"土地出让金"来指代土地出让的总收入(按交易地价算出),用"土地出让金净收益"来指扣除土地出让成本之后的收益。那么,土地出让金就是指土地以拍卖、协议等方式出让之后地方政府的总所得。

7.2.2.1　土地出让金的取得

全国土地出让金的总量,据笔者所见的一篇报道,1992—2003年,全国土地出让金收入1万多亿元,而这些几乎全部是在2001—2003年的3年里取得的。这3年中土地出让金的总收入是9100多亿元,其中土地出让金净收益约为1/4。2009年,根据中国指数研究院的报告,全国土地出让金达到15 000亿元,其中大城市是增长的主力,全国70个城市土地出让金收入同比增加超过100%;其中,北京、上海、杭州土地出让金收入位居前三甲,上海土地出让金高达821亿元,位居各大城市之首。根据时任国土资源部部长徐绍史的说法,2010年土地出让金总额达到了27 000亿元,比2009年增长了近一倍。

为什么在地方政府会形成这种以土地收入为主的二元财政结构?对于地方政府而言,这种结构的形成有赖于外生和内生因素的共同作用。外生的因素就是当前的土地、财政和税收体制,而内生的因素是地方政府在当前体制下的谋利行为。分税制改革以来,中央将一般预算内的主体税种划分为中央收入,而将非主体税种划分为地方收入。同时,由于在1994—2002年被划分为地方收入的企业所得税和个人所得税增长迅速,2002年中央又把这两个所得税划分为中央与地方共享收入。这种集中财力的努力给地方政府的收入行为带来了一种"挤压效应",即迫使地方政府不断把增加地方财政收入的重心移向那些零散、量小、不重要的税种。在所得税变成中央共享税之后,自2002年以来,营业税的增长异常迅速,成为带动地方财政收入增长的最主要力量,这明显就是"挤压效应"的结果。

中央伴随分税制改革的另一个努力在于预算制度改革。预算制度改革主要内容是将预算外的资金纳入预算内进行管理,同时推行国库集中支付制度和预算外资金的"收支两条线"管理办法,力图使得地方政府的资金收支透明化、管理规范化。由于预算内资金的管理是相对集权化、透明化的,而预算外资金对于地方政府来说相对自由度较大,如果将预算外资金纳入预算内管理的话,无疑限制了地方政府的支出权限。这就造成了第二个"挤压效应":地方政府力图做大那部分没有纳入预算内管理的预算外收入,而这其中最主要的就是以土地出让金为主的土地收入。

土地出让金是1989年颁布《城镇国有土地使用权出让和转让暂行条例》后开始征收的。该条例规定,土地出让主管部门可从取得的土地出让金中提取2%~5%作为土地出让业务费。在提取业务费后,地方财政先留出20%作为城市土地开发建设费用,其余部分40%上缴中央财政,60%留归地方财政。不论上缴中央财政的部分,还是留归地方财政的部分,专项用于城市基础设施建设和土地开发。1990年和1991年,土地出让规模不大,价格不高,全国范围内收取的土地出让金分别只有10.5亿元和11.3亿元。1992年由于出让规模扩大,土地出让金增加到525亿元。为调动地方征收土地出让金的积极性,从1994年开始至今,土地出让金不再上缴中央财政,全部留归地方财政。1998年以后,土地出让金持续增加,2002年达到2416.8亿元。

上面这段论述可以显示出中央的财政政策对地方的"挤压"和"激励效应"。我们可以看出,在双重"挤压效应"之下,对于地方政府的财政来说，预算内财政增收的重点变成了营业税和土地税收，而预算外财政增收的重点就是土地出让金。

7.2.2.2　土地出让金的使用

正如上面的分析所示，这两个部分也是近些年来增长速度极快的部分。如何维持这两个部分的快速和长期增长呢？这就要讨论地方政府的财政支出。预算内的财政支出部分保持的是常规的分配，我们不做详细讨论，在此重点讨论预算外尤其是土地出让金的使用办法。预算外的土地出让金部分的主要使用途径有三个：首先是用于土地开发和转让成本，这包括对农民的补偿和"三通一平"或"五通一平"的成本，正如我们在分析土地出让金的时候所指出的，这部分不包括在土地出让金的净收益中。土地出让金的净收益，主要用于两个方面。一个是用于补充财政支出和土地征用的其他成本。土地出让金是政府手中的"活钱"，缺少预算约束，这些资金虽然许多都是通过财政部门支出的，但与正规的财政资金支出制度完全不同。政府征用和出让的土地分成公益性、工业化和经营性三大类，分别采取划拨出让、协议出让和招拍挂的出让方式。对于公益性土地出让（公路、水利、教育、卫生等），财政的土地开发收入并不足以弥补土地开发的成本，所以这里政府一般要"倒贴"，但是具体倒贴多少，倒贴的部分到底是从土地出让金中支出还是靠银行贷款，各地的情况并不相同。另外，对于工业性用地的开发，地方政府也一般无钱可赚。这是因为各地政府为了"招商引资"，一般会限制地价。工业用地的价格并不像商住用地那样连年增长，而是保持在一个维持在开发成本的水平，在有些情况下，政府还要倒贴一部分。政府要通过土地征用和转让挣钱，主要靠商住用途的经营性用地。

7.2.2.3　以土地为基础的融资

另一个是比较重要的和大头的支出，是土地出让金的大部分会作为基本资产来成立一些政府下属的开发和建设公司。一般的县级政府下面都有几个这样的公司,如城市投资开发有限公司、城市交通投资有限公司、城市水务集团、城中村改造有限公司等,这些公司一般被称为"政府性公司"。这些公司的性质属于国有投资公司,一般在2000年以后成立,都是由政府部门的领导出任董事长或总经理,除了交通公司之外大都属于非营利性质,其主要的功能是进行城市公益性基础设施的投资和建设。

这些资金表面上看起来都会被用于城市公共建设,但实际上却没有这么简单。这些资金和公司成立的另一大目的并非直接进行城市建设,而是要为城市建设进行融资。也就是说,政府注入公司的土地出让金并非直接用来进行开发建设,而是用来作为资本金,获取银行贷款。这些政府性公司就是我们通常所说的"地方政府融资平台"。这是连接土地财政和土地金融的关键机构。

到2009年年末,全国地方融资平台的负债余额接近6万亿元,其中新增贷款规模3.8万亿元。到2010年年底,这个规模非常可能接近10万亿元。围绕土地建立起来的土地金融是一个比土地财政更加庞大的资金体系,如果不讨论其内部的运作机制,就难以搞清地方政府全力推动经济增长和城市化的根本动力。

在城市开发和建设中,真正的主角是金融资金而非财政资金。一般说来,作为融资平台主体的政府性公司获得银行贷款的途径有三种:公司互保、财政担保和土地抵押。所谓公司互保就是几个大的政府性公司用资本金互相担保进行贷款,由于这些公司的资本金大部分来自于政府的财政投入,所以这些贷款基本属于政府用财政资金作保的贷款。财政担保则更为简单,实际上就是政府财政部门直接出面做担保主体,由财政局直接出具一份"承诺函",其中写明贷款主体、担保主体及各种细节。前两种其实没有太大区别,其担保资金都是政府的财政资金,第三种则是土地抵押贷款,这也是融资的主要方式。

要获得土地抵押贷款,则必须拥有土地使用权证。政府一般将这些公司所要建设、开发项目用地的使用权划拨给公司。这些建设用地既包括公益性的建设用地,又包括部分非公益性的,用于经营性开放的商住用地。对于后者,政府性公司无权将其用招拍挂的形式出让,而是将其抵押给银行来获得土地抵押贷款。

在土地开发和城市建设中,所谓的"以地养地"之法是常见的。其基本思路就是将一部分地理位置好的公益性用地作为经营性用地按招拍挂的形式出让,获得高额出让金之后用于补贴公益性建设的支出。例如,将用于建设学校的1000亩土地中的200亩作为商住用地进行开发出让,这样所得的收入在支付完学校征地、开发、建设成本之后可能还有富余。而政府性公司的土地抵押贷款实际上也是奉行这样一套"以地养地"的思路,不过区别在于,那些用于"养地"的"好地"并没有真正进行经营性开发,而是高价抵押给了银行。相对于传统的"以地养地"之法而言,这可以说是"以地养地"的金融版本。

这种"以地养地"的金融版本不但是适用于政府性公司,而且适用于政府其他的土地开发、城市建设和工业管理部门。土地金融的重要性在于,地方政府不但在城市开发、基础设施建设方面依靠融资,而且在土地征用、新区开发及工业园区建设方面也主要依靠以土地抵押为主的融资手段。

除了政府性公司进行最大的土地抵押之外,土地储备中心是各地政府以地生财的重要部门。土地储备制度,最初的用意是为了盘活面临改制的国有企业的土地存量资产,以解决下岗职工的生计出路问题。也就是说,土地储备的来源应以收购(回)存量国有土地为主的。但调查发现,政府储备的土地远远超过了存量的内涵,早已延伸到以征用农民集体所有土地为主。

结合土地抵押贷款,我们可以看到另外一种土地金融和地方财政的关系:银行不断向土地储备中心发放土地抵押贷款,土地储备中心则不断进行"征地—开发—出让"以赚取土地出让收入。其基本思路是用旧储土地的抵押贷款进行新一轮土地征收,然后用出让土地的收入还清抵押贷款,再用新征用的土地进行新一轮的土地抵押贷款。

这样一来,金融资金就成为土地征用、开发、出让过程的"润滑剂",使得政府能够迅速扩大土地开发规模、积累起大量的土地出让收入。这些土地收入,正如我们上面的分析所看到的,最终大部分都投入了城市化建设之中。在这个循环往复的过程之中,政府和银行的思路都非常明确:银行的土地抵押贷款以土地作为抵押,贷款一般在1~2年之内就可以收回;财政担保贷款虽然贷款期比较长,但是有不会破产的政府财政做担保,所以也可以放心放贷。政府的收入则来自两个方面:一方面是土地出让收入,只要土地可以不断征用、出让,或者只要土地出让价格足够高,政府就可以取得巨额的土地出让收入;另一方面,只要财政和金融资金不断地投入城市建设、扩大基础设施建设的规模,尽管融资规模会不断扩大,但是根据我们在上一部分的分析,政府的地方税收尤其作为预算收入支柱的建筑业、房地产业的税收收入也会不断增长,财政实力就会不断增强。进一步而言,政府收入的增长又会进一步扩大融资规模和征地规模,这无疑是一个"双赢"的局面。所以,我们可以看到,"土地收入—银行贷款—城市建设—征地"之间形成了一个不断滚动增长的循环过程。这个过程不但为地方政府带来了滚滚财源,而且也塑造了21世纪繁荣的工业化和城市景象。

第三节 小 结

在不完善的分税制下,地方政府的经济主体身份日益显著,而公共主体身份日益弱化,在其日常运转中体现得很清晰。如前所述,我国的财政预算实行的是"平衡预算",无论是中央政府还是地方各级政府都没有明显的财政赤字,所以单从预算上看,乡镇政府拖欠人员工资是看不出来的。乡镇政府为了获取县级政府拨付的工资款而不得不完成的税收任务举债的记录,更是在预算会计中无从记录。由此可见,基层政府会计主体真实的财务状况记录,基本是在预算会计体系之外完成着自身的真实循环。在东部经济发达地区,城市土地财政所产生的收入、使用,地方融资平台所举借的巨额政府性债务的产生,也均未能纳入预算会计体系。目前,预算会计作为政府多年来运转的会计信息系统,已经无法满足财政制度运转的需求,而地方政府性债务风险的警示恰好为这一基础性制度改革提供了良好的契机。

第八章 政府预算会计的改革回顾

第一节 我国预算会计的建立和发展

我国的预算会计从中华人民共和国成立时建立到现在已经历了半个多世纪的历程。在这半个多世纪,预算会计制度经历了多次的修订和变革,形成了目前由财政总预算会计、行政单位会计和事业单位会计共同组成的体系,期间大体经历了创立与初步形成、调整与变动以及初步发展三个阶段。

8.1.1 创立与初步形成阶段(1950—1965 年)

中华人民共和国成立以后,预算会计与企业会计一样,都是以苏联的会计为蓝本建立起来的。中华人民共和国成立时,我国面临着种种经济困难,当时的客观环境要求实行高度集中的预算管理体制。为了建立新的预算会计工作秩序,财政部于1950年10月召开了全国预算会计、金库制度会议,讨论通过并于1950年12月12日正式颁布了适用于各级财政机关的《各级人民政府暂行总预算会计制度》和适用于各级行政事业单位的《各级人民政府暂行单位预算会计制度》这两项会计制度(以下简称《暂行制度》)从1951年开始实施。这两项《暂行制度》的颁布与实施,标志着我国预算会计的诞生,并确立了总预算会计与单位预算会计分立的框架。这两项《暂行制度》是中华人民共和国的第一个关于政府会计的制度,它在政府会计名称、核算范围、会计要素、会计科目分类、记账方法和记账基础等方面都做了统一规定。

财政预算会计核算各级人民政府关于财政收支、调拨及资产负债增减的一切会计事项;单位预算会计核算除国防、企业资金、大宗岁入等具有特殊性质外的各机关一切财务收支的会计事务。财政总预算会计和单位预算会计都以收付实现制为基础。记账方法采用现金收付记账法。但如果实际需要,可以采用借贷记账法。确认五大会计要素,分为岁入、岁出、资产、负债和资产负债共五类。以"实际支出数"作为支出口径,基建拨款支出以"银行支出数"列支报销;财政机关直接经办的支出以"财政拨款数"列支;预算单位的事业行政经费以"银行支出数"列支。这套《暂行制度》后又经过多次修订,1954年正式颁布执行。

20世纪50年代末,我国的国民经济进入调整时期,此时的预算会计工作受到削弱;1962—1965年预算会计工作重新受到重视并逐步得到加强。财政部于1965年8月召开了全国预算会计工作会议,提出要稳步推进预算会计改革。改革的主要内容包括:(1)将《单位预算机关会计制度》修改为《行政事业单位会计制度》;(2)修改了会计科目,会计科目分为资金来源、资金运用和资金结存三类,会计等式由原来的"资产=负债"改为"资金来源-资金运用=资金结存",并于1966年起实施,但预算会计体系基本上还是维持原有的体系。

8.1.2 调整与变动阶段(1966—1996年)

在1966年以后的一段时间内,我国的预算会计几乎是停滞不前。进入20世纪80年代后,为适应当时财税体制、预算管理体制和财务体制改革的要求,财政部门分别于1983年和1988年两次修订预算会计制度。在总预算会计方面,1984年开始执行新的《财政机关总预算会计制度》。该制度明确了总预算会计的主要职责是进行会计核算,实行会计监督,参与各级财政预算管理,协助好国库工作;其主要任务除了记账、算账、报账等日常事务外,还要负责调度预算资金,协助国库做好有关事务,组织指导所在地区的预算会计工作。1989年,《财政机关总预算会计制度》再次修订,改称"财政总会计"。财政总会计是财政部和地方各级财政机关核算、反映、监督国家和地方各级总预算执行的会计。这次修订拓宽了总会计的会计核算范围,将财政信用资金纳入进来,由核算预算资金和预算外资金拓宽为核算包括财政信用资金在内的全部财政资金,并将预算资金和预算外资金分开来核算和报告。修订后的总预算会计年报主要有资金活动情况表、财政收支决算总表、预算外资金收支决算表等。

在单位预算会计方面,1989年颁布了新的《事业行政单位预算会计制度》,这次改革侧重于四个方面。(1)规范了单位预算会计的名称,扩大了单位预算会计制度的适用范围。这次会计制度改革将单位预算会计制度称为《事业行政单位预算会计制度》,它适用于各级各类事业行政单位。同时,新制度也根据事业行政单位财务制度改革和预算管理体制改革的新情况,对实行全额、差额和自收自支三种不同预算管理方式的事业行政单位设计了相应的会计科目,规定了具体的核算办法。(2)根据事业行政单位业务特点和财务收管理的需要,增加了会计核算的内容,如抵支收入和成本费用的核算与管理、专用基金和专项资金的核算与管理、预算外收支的核算与管理等。(3)会计确认基础的改革,事业行政单位的会计核算一般实行收付实现制,简单的成本费用核算的会计事项可以采用权责发生制。(4)事业单位会计的地位得到巩固与加强,预算主体的规范十分明确,事业单位会计异军突起,其地位得以完全确立,成为整个预算会计体系中最具有发展活力的领域。另外,事业单位会计与企业会计发生了某些趋同的现象。例如由于成本费用核算的需要,可以采用权责发生制;由于某些事业单位业务活动领域的拓展和管理方式的变化,需要编报收益表和成本费用标准。总而言之,《事业行政单位预算会计制度》的实施,对我国事业单位会计的发展起到了很大的推动作用。1990—1996年,预算会计各项工作在原有的轨道上前行,几乎没有什么改变。

8.1.3　初步发展阶段(1997年至今)

改革开放以来,特别是在党的十四大确立了我国市场经济体制的改革目标之后,我国的预算会计改革进入了一个新的发展阶段。在此背景下,财政部于1997年下半年和1998年年初陆续颁布了《财政总预算会计制度》《行政单位会计制度》《事业单位会计准则》《事业单位会计制度》等一系列预算会计改革文件,并于1998年1月1日起全面施行。由此形成了现行预算会计体系的制度框架。当时的改革主要是为了适应社会主义市场经济体制建立以后,政府职能、财政管理方式、事业单位的资金渠道等各方面发生的深刻变化对预算会计的要求,这次预算会计的改革主要集中在10个方面。

第一,重新划分了预算会计体系新的预算会计体系。由各级人民政府财政会计、事业单位会计、行政单位会计和参与执行财政总预算收入执行的国库会计和收入征解会计(包含税收会计、农业税征解会计、海关征解会计)组成。与原来的预算会计体系相比,新的预算会计体系有两个方面的变化:增加了各级人民政府财政会计的层次,即把乡(镇)财政总预算会计正式纳入各级人民政府财政总预算会计体系;将原来的事业行政单位会计分为事业单位会计和行政单位会计。

第二,改变了事业单位会计核算管理模式,提出准则管理。从会计核算模式上看,这次预算会计改革分别采用制度或准则加制度的规范形式对财政总预算会计、行政单位会计和事业单位会计进行规范,即财政总预算会计、行政单位会计采用制度模式,事业单位会计采用准则加制度的模式。

第三,实行预算内和预算外资金统一平衡新制度,打破了预算内外资金的界限,确立了大收入、大支出的概念和全收全支的预算原则,实行统一管理、统一核算、统一报告的新的模式;取消了全额、差额、自收自支事业单位三套会计科目,统一采用一套会计科目。

第四,提出了会计报告的目标。这次预算会计改革,不论是《财政总预算会计制度》《行政单位会计制度》,还是《事业单位会计准则》《事业单位会计制度》,都比较明确地提出了会计报告的目标。与旧的预算会计制度相比,这次改革有两个突破。第一个突破是扩大了会计信息的用途。这体现在三个方面:会计信息由"为预算管理服务"扩大到"为国家宏观经济管理服务";会计信息对本单位(本级财政)的作用由"了解情况"扩大到"加强内部财务(财政)管理";会计信息的使用者由"上级和本单位"扩大到"有关方面"。第二个突破是丰富了会计信息的内容。改革前只要求提供反映预算执行情况的会计信息,改革后除了要求提供反映预算执行情况的会计信息外,还要求提供财务状况的会计信息。

第五,第一次比较系统、完整地提出了会计核算和报告的一般原则。财政机关和事业、行政单位会计提供的信息要实现上述规定的目标,就必须保证会计信息具有真实可靠的质量,才能作为国家宏观经济管理和经济决策的依据。这次预算会计制度改革为了规范会计核算和报告行为,提高会计信息质量,规定了会计核算和报告必须遵循客观性、相关性、可比性、一贯性、及时性、明晰性、收付实现制、专款专用、实际成本、重要性等普遍适用于财政机关、行政单位和事业单位的一般原则。对于事业单位经营业务的核算还规定了可采用权责发生制,并且经营支出与相关的收入必须配比。

第六,采用国际上通用的借贷记账法。很长时期以来,我国预算会计所采用的记账方法是资金收付记账法。这种记账方法虽然便于对资金实收实付的理解,但比较烦琐,而且其科学性也存在一些问题。目前,世界各国一般都采用借贷记账法,它已成为一种国际会计惯例。这次预算会计制度改革规定财政机关、行政单位和事业单位会计都必须采用借贷记账法。

第七,确立了新的会计要素和会计平衡方程式。此次改革确立了资产、负债、净资产、收入、支出等较为科学规范的会计要素,从而有利于真实反映报告主体的财务状况和财务收支结果。会计平衡方程式为:资产–负债=净资产。此前的资金来源、资金运用和资金结存是与资金收付记账法相适应的,其平衡等式为:资金来源–资金运用=资金结存。显然,这样的会计要素和会计平衡等式注重的是单位或部门的资金来源、资金运用和资金结存情况,它与计划经济体制下的行政单位和事业单位是财政的附属单位,它们只需要向财政部门报告资金的来源、运用和结存情况有关。随着我国经济体制改革的深入,行政单位和事业单位的要素管理越来越重要,行政单位和事业单位都是经济利益主体已成为客观事实。因此,以核算单位或部门的财务状况和收支为核心的资产、负债、净资产、收入和支出五个要素得以确立,"资产–负债=净资产"的会计平衡方程式也随之确立,这种要素划分是与借贷记账法相适应的。随着记账方法由资金收付记账法改为借贷记账法,平衡方程式也必须根据借贷记账法原理予以重建。所以,改革后的预算会计的平衡方程式为:资产–负债=净资产。

第八,规范了会计核算基础。改革后的制度明确规定财政机关、行政单位仍应采用收付实现制;事业单位的"会计核算一般采用收付实现制,但经营性收支业务核算可采用权责发生制"。后来,财政部又规定自2001年11月19日起,中央财政总预算会计对五类事项采用权责发生制。

第九,规范了预算支出的列报口径。在此次改革中,财政总预算会计对预算包干经费的列报口径改为财政拨款数,即以拨款数记为"支出"数,简称"以拨作支"。由于普遍实行预算包干的管理方式后,各预算单位年度的经费结余,留归单位于下一年度继续使用,即使是限额拨款的余额在年末虽然需羁生销,而此余额也不应反映为财政机关的财政结余(因为下年初还需要将此余额返还)。所以,为了便于落实财政结余,各级政府财政机关总预算会计取消了以银行支出数列报预算支出的规定,对各项包干的经费规定按拨款数列报预算支出,事业行政单位则以实际支出数列报支出。

第十,设计了新的会计核算报表体系。这次预算会计制度改革根据新提出的会计目标设计了一套与之相适应的新的会计披报体系。总预算会计报表有资产负债表、预算执行情况表、财政周转金收支情况表、预算执行情况说明书及其他附表等。其他附表有基本数字表、行政事业单位收支汇总表及会计报表。行政单位会计报表主要包括资产负债表、收入支出总表、支出明细表、附表报表说明书。事业单位会计报表主要包括资产负债表、收入支出表、附表及会计报表附注和收入支出情况说明书等。

8.1.4　对现行预算会计体系的总体评价

现行预算会计制度自1998年实施以来,为适应我国由计划经济向社会主义市场经济过程中各级财政部门和行政事业单位加强预算管理和会计核算的需要,提高我国预算会计的整体管理水平起到了积极的作用,同时也为我国政府的会计核算进一步向国际惯例靠拢打下了一定的基础。现行预算会计的基本功能是追踪预算执行情况,提供管理者和决策者(包括上级政有)所需要的有关预算执行情况的信息。这一系统在某些方面是有效的,主要优势有两个方面。

(1)通过追踪拨款与付款信息来确保政府实施预算的能力。现行预算会计的目的明确地指向帮助核心部门(尤其是财政部门)监控预算执行过程。即现行预算会计的出发点是以会计信息支持对预算执行过程的监控。

（2）会计（核算）与预算之间保持较高程度的一致。预算分类与会计科目之间的一致性是较好的预算与会计系统的重要特征。现行的预算会计科目与预算分类是高度一致的；有什么样的预算分类，就有什么样的预算会计科目。中华人民共和国成立以来，我国预算会计的历次改革都秉承了这一优良传统。

第二节　政府预算会计制度的不足

现行预算会计制度并没有从根本上改变在高度集中的计划经济体制下建立起来的预算会计的基本模式，随着经济体制改革和财政管理改革的深入进行，预算会计制度的诸多问题和局限性逐渐产生和显现出来。这些问题和局限性既表现在宏观层面上，又反映在微观层面上，以下来详细讨论。

8.2.1　现行预算会计范围过于狭窄，难以全面反映政府资金运动

我国的预算会计体系建立于计划经济时期，当时政府资金管理的核心任务就是预算资金的分配。因此，预算会计仅限于与预算资金收支有关的范围，并没有全面反映政府的资金运动及结果。

8.2.1.1　对政府固定资产的核算和反映不全行预算会计制度中

总预算会计没有核算和反映政府的固定资产。行政、事业单位会计需要对本单位的固定资产进行会计核算，但这些对行政事业单位固定资产核算的信息仅提供给国家统计部门作为参考资料。政府整体的财政

预算、决算不提供有关政府固定资产方面的信息,这意味着用于购置政府固定资产的财政资金一旦支出后就退出了政府和公众的视野,不再存在有效监督的机制。每年预算支出新形成的政府固定资产的增量部分和政府历年积累的固定资产存量都没有进行完整的会计核算,因此无法进行有效的管理与监督。行政事业单位会计即使对本单位的固定资产进行会计核算,也只核算原值,对折旧和固定资产净值不予记录和确认。这样,使得会计报表上无法反映固定资产的净值,因此存在许多问题。

8.2.1.2 总预算会计难以对政府的债权性资产、国有股权等资产进行会计确认和核算

1. 关于政府的债权性资产

财政总预算会计中没有核算政府的债权性资产。我国的政府债权主要包括国内贷(如国债转贷资金、基本建设贷款及其他有偿使用的财政资金等)和国外贷款(如外债借自还贷款,以及向国外政府贷款等)。这些项目在现行总预算会计制度中都没有确认为相关政府的债权性资产。用于转贷的专项国债属于财政资金性质,在现行总预算会计下,由国债安排的贷款的会计核算发放时通过"一般预算支出"科目,转贷给地方财政的国债金,通过"与下级往来"科目,对债权的发生和减少都不核算,没有将其确认为中央政府的债权性资产。由项目单位和地方承担债务偿还责任的国外统借自还贷款,中央财政总预算会计也不确认为债权。这样核算带来的问题是没有确认政府贷款形成的资产,也没有反映由此产生的政府债权的规模及增减变动,以及政府可支配的公共财务资源和债务上的权益。

2. 关于股权

政府对外投资形成的权益性投资包括国有资本金、缴存国际金融组织的股本和基金等,现行制度仅列为"一般预算支出",不反映投资形成的产权。国有资产出售、转让所得款项,也列为"一般预算收入",不反映

投资资产的减少。另外,在政府参股的情况下,参股的资金拨出后,一方面,进入了企事业单位经营资金的运动过程;另一方面,成为以国有股权形态存在的政府资产。现行财政总预算会计制度只能反映当期的财政支出,而不能对国有股权进行会计确认、计量、记录和报告。也就是说,在现行的财政总预算会计中,对于股权不记录。因此,无法真实地反映政府的资产状况,也难以实现对国有资产的所有权和收益权的管理。随着各级政府在基础设施建设方面进行对外合作投资或参股投资行为的日益增多,上述总预算会计的缺陷会越来越明显。在现行制度中,事业单位对外投资没有按投资目的划分短期投资和长期投资,对股权投资也只规定了成本法,而没有规定事业单位接受投资的核算,难以满足核算要求。

3. 现行总预算会计没有全面确认和核算政府债务内容

(1)关于国内外债务。在现行总预算会计制度中,没有规定政府国内外债务的核算内容,没有核算以国外借款等形式发生的政府外债。在市场经济环境下,政府为了提供足够的、适应社会发展需要的公共产品,需要广开财源。政府向国内外举借的债务资金成为我国财政资金的重要来源。例如,2005 年,中央财政归还到期的国内外债务本金3923.25 亿元,加上弥补当年赤字,中央财政国债发行总规模为6922.87 亿元;另外,代地方政府发行国债100 亿元。如此庞大的债务数额在现行总预算会计报表中没有完整反映。现行总预算会计制度对预算执行中的一般债务笼统地在"借入款"科目核算,而且"借入款"科目没有核算政府所有的国外债务,因此,相当一部分的政府债务(如国债转贷资金、外国政府贷款等)都没有反映在总预算会计报表中。

(2)关于"隐性债务"。在现行总预算会计中,没有核算和反映当期已经发生、尚未用现金支付的"隐性债务"部分。我国政府的隐性债务包括地方政府担保债务,主要是担保的外债、地方金融机构的呆坏账、社会保险基金缺口、政府为企业贷款提供担保产生的或有负债等，以及地方政府欠发的工资等。上述隐性债务在现行总预算会计中都没有核算和反映。造成这一问题的根本原因，是收付实现制的记账基础，收付实现制以现金的实际收付作为确认当期收入和支出的依据，在收付实现制下预算会计的财政支出只包括以现金实际支付的部分，对当期已经发生、尚未用现金支付的"隐性债务"没有反映。我国现行的会计制度对财政负债的确认、计量和报告，没有采用权责发生制原则，致使政府会计只能反映直接显性负债信息，却无法反映直接隐性负债和或有负债信息。也就是说，现行的政府会计对财政负债的披露无法做到真实、完整和及时，而作为政府预算管理的重要手段之一也无法充分发挥其在防范财政负债风险方面的应有作用。由此带来的后果是政府会计披露的财政负债规模远远低于实际存在的财政负债规模，可以预计到的财政负债风险也远远低于实际存在的财政负债风险，政府偿付债务能力和承担负债风险的压力均被低估，长此以往会给政府财政安全运行造成严重的负面影响。

4. 不能全面反映社会保险基金的运行状况

现行预算会计也不能全面反映社会保险基金的资产及运营情况。目前，社会保险基金的核算是按照专门制定的《社会保险基金会计制度》进行的，这一制度目前独立于预算会计制度之外，现行总预算会计没有全面、完整地反映社会保险基金的运行状况。我国在计划经济时期因没有为职工计提养老金而遗留下来的隐性债务，据不完全统计，已经达到3万亿元，仅"十五"时期我国各项社会保险基金缺口共达1000亿元，这些债务信息也没有反映在资产负债表中。现行总预算会计报表只是笼统地反映当年财政对基金的拨款支出，而不能反映社会保险基金的整体运行状况。考虑到社会保险基金的运行情况关系到政府未来的财政负担，近年来社会保险基金的管理已成为各级政府工作中的一个重要管理内容,社会保险方面的支出占财政支出的比重日益增大。另外,社会保险资金来源并不充裕,而社会保险支出负担比较沉重,因而,对潜在的财政风险更加需要十分关注和防范。目前,这分离的会计核算制度缺少社会保险基金运行与财政预算资金运行之间的信息联系通道,不利于对社会保险基金的管理和监督,也不能准确地反映政府资金整体状况,不利于防范财政风险。

8.2.2 财务报告系统存在明显的缺陷

8.2.2.1 缺少统一的政府财务报告制度

目前我国没有实行政府财务报告制度,预算会计信息主要是通过政府的预算和决算形式来间接地传播给立法机关与公众的。由于政府的预决算的主要任务是向公众提供政府预算的收支计划和执行情况,因此所能传达的预算会计信息非常有限,政府的债权、债务、资产财务状况不能得到全面地反映,在预算编制比较粗放的情况下就更加有限。这一缺陷对财政内部管理来说,由于缺少对政府资产与负债的完整会计信息,所以难以对政府财务状况进行系统的分析,致使财政政策的选择和预算编制缺乏充分的依据。对财政的外部管理来说,预算会计信息传播形式过于简单,造成政府财务状况透明度不高,不利于立法机关和公众对政府资金分配与运行的监督和管理。

8.2.2.2 没有提供合并的政府整体的财务报告会计信息

使用者需要通过合并的政府整体的财务报告获得关于政府整体的预算与财务信息。目前几乎所有的发达国家都提供合并的关于政府整体的财务报告,包括资产负债报告和现金流量报告;多数发达国家甚至提供应计会计基础上的预算营运报告。然而,我国现行的预算会计体系无力提供这类报告,包括对于管理财政风险意义重大的或有负债报告、税收支出(税收减免优惠)报告等。另外,虽然总预算会计、行政单位会计、事业单位会计各有一套会计报表,并提供汇总的会计报表,但各套报表自成体系、分别编报,没有通过汇总生成政府整体的合并资产负债表,并且缺乏合并的客观基础,因为在没有剔除欠量重复交易的情况下进行的合并是没有任何现实意义的。现行的预算会计系统虽然提供了政府整体的预算报告,但由于许多类别的财政交易(例如政府基金和预算外交易)没有包括进去,因此这些报告并不是完整意义上的政府整体的预算报告。从表面上看,我国现行的预算会计系统能够提供关于政府整体的"预算收支表"和"政府财政收支决算表",但这份在现金会计基础上准备的报表并不是在合并的基础上准备的。根据初步估计,大体上相当于全部政府财政收支的25%~30%没有反映在政府整体的这两份报表中。

8.2.2.3　从总体上看,财务报表的内容过于简单

为加强预算管理,国家需要经常性预算、国有资产预算、社会保障预算和债务收支预算等多种会计信息,而现行财务报表体系主要以反映预算执行情况为主要目的,没有披露投资经营的国有资本的安全、养老金、失业金等的使用和安全,以及各级政府在其他财务方面的受托责任的信息,也没有提供反映政府绩效与成本信息的报告。因此,现行的财务报告系统不能真正反映政府的整体财务状况,也不能满足使用者对绩效信息的需求。

8.2.2.4　会计报表缺乏公允性

在西方国家,没有附上审计鉴证的财务报告是不具有效力的政府财务报告。因此,政府财务报告需经过独立审计部门的审计批准方可正式递交国会和向公众公布。虽然我国的政府审计机关也对财政和经费收支情况及结果实施审计监督,但是我国的政府审计报告是与政府财务相分离的,这样会影响报表的公允性。

8.2.2.5　报告使用者范围的界定过于狭窄

财务报告有广泛的使用者,包括内部使用者和外部使用者。现行预算会计制度大体上将使用者界定为内部使用者,而且诸如立法机关和审计机关等重要类别的内部使用者也没有明确地界定在内,这种做法不符合《中华人民共和国预算法》和其他相关法律的基本精神。这表明,现行预算会计制度将信息使用者大体上界定为内部使用者,外部使用者(制度上称为"有关方面")的需要大多被忽略。另外,即使是内部使用者,现行制度的规定也过于狭窄,一些重要的使用者,包括立法机关和审计部门等,没有被明确地界定在内。再者,作为资源提供者的纳税人、捐赠人及广大社会公众也需要相应的会计信息,以合理评价政府资金使用情况和政府公共受托责任的履行情况,而现行预算会计制度也没有充分关注这方面的信息需求。可以说,政府及财政职能的转换和公共财政体制的改革提出了对政府财务报告方面的许多新的信息需求,但现行的服务于预算管理需要的预算会计在很大程度上难以满足这种需求。

第三节　小　　结

总之,政府只做预算会计的核算已经不能符合经济与财政活动的需要,政府会计改革已明显滞后于经济的发展和财政制度整体变革的要求。经济决定财政,经济体制朝着市场化方向的转变,决定了财政制度只能朝公共化方向演变,同时也决定了政府会计能够更好地满足公共需求的政府财务会计方向变革。

1998年,我国提出建立公共财政制度体系后,财政改革的公共化方向渐次清晰。但是,这是一场牵一发而动全身的至关重要的改革,当前进行的"深化财税体制改革不是政策上的修修补补,更不是扬汤止沸,而是一场关系国家治理现代化的深刻变革,是一次立足全局、着眼长远的制度创新和系统性重构"。而政府财务会计则是这一制度重构中基础性的一环,在财政公共化的过程中,基于市场经济的要求、基于公众对政府监督决策的要求、基于化解规避财政风险及化解债务危机的要求,建立以对外披露政府财务信息的政府财务会计体系和政府综合财务报告制度提上议事日程是一种必然。在建立政府财务会计之时,需要考虑的首要问题是:通过清晰界定当前各级政府中各个政府会计主体的权与责,以确立政府会计核算的主体。

第九章　政府会计主体身份的确定及权责界定

第一节　政府主体存在的意义及其双重主体特征

经济学把社会经济活动的主体分为三类:个人(家庭)、企业和政府,前两类主体属于私人领域,后一类主体则属于公共领域。与之相对应,物品分为两类:前两类提供的物品属于私人物品,后一类提供的物品属于公共物品。因此,与企业财务会计所反映的主体(企业单位)不同,企业属于私人领域,只关注自身利益即可;而政府,属于公共领域,其存在的意义在于关注公共利益,同时,在市场经济中,政府发生的任何交易活动均须遵循平等交易原则,需维护自身产权,承担责任和义务。因此,政府是双重主体:既是经济主体,也是公共主体。下面我们首先从理论上分析政府作为公共主体存在的理论意义。

9.1.1　政府主体存在的理论意义

9.1.1.1　国家(或政府)产生于对公共风险的应对需要

"公共"(public)从英文的含义来看,"公共"含有大众、公用、政府服务、众所周知、公开、公共场所等含义，它反映的是与社会成员相关联，但并不指向个体而指向社会整体（群体）的事务或活动。"公共"从汉语的含义来看，也是相对于人类群体而言的，具有解释个体无法解决的共同实务的属性。"公共化"就意味着人类需要采取结题行动来解决公共事务的过程，并有政府来代替群体意志，这个过程进入现代社会则以民主、公平和公正为特征。历史地看，"公共"或具有"公共性"的东西都是"公共化"的结果。当前国家财政的改革强调"公共化"导向，实际上就隐含着"公共财政"是"公共化"的一种结果。由此看来，"公共化"分析就变成了理解与"公共"联系在一起的所有事务的"一把钥匙"。而公共化的出发点是着眼于群体的安全和利益，因而总是和公共风险有内在关联。

在生产力水平很低、改造自然的能力很弱的条件下，人与自然的矛盾是主要的。因为来自于自然的各种灾害，以及其他动物种群对人类的侵害，构成威胁着人类群体安全的公共风险。历史上许多文明的突然消失，就足以证明产生于大自然的公共风险对人类群体安全的影响程度。但随着人类改造自然能力的逐步提高和人口的增长，人与自然的矛盾逐渐退居次要位置，而人与人之间的矛盾成为主要矛盾，人类群体内部的各种冲突成为人类群体安全的主要威胁。这种产生于人类群体内部的公共风险——人类群体内部的各种冲突致使人类自我毁灭的可能性——导致了国家（或政府）的产生，国家（或政府）也就成为凌驾于个体之上防范和化解上述公共风险的内生工具。

霍布斯、恩格斯和卢梭等思想家对此都分别用不同的表述方式有过深刻的论述。公共风险引致公共化的过程，衍生出公共权力、法律、制度、规则、组织、伦理道德和文化。同时，这个公共化的过程也使人类群体由人类早期的"数量群体"逐步演进为"有机群体"，就像生命的进化过程，从单细胞的堆砌，到形成肌肉组织、骨骼、心脏和大脑。这时，人类群体进化为一个有机的整体，国家（或政府）成为这个有机体的"大脑"，以公共理性来履行公共权力,捍卫这个有机整体的安全,并协调有机体内部的各种活动,化解各种冲突和矛盾,形成人类社会的内部秩序。静态地看,这种秩序状态是理性设计的结果,表现为主观努力的产物。但动态观察,尤其是从进化的观点来看,这种秩序状态不是理性的设计,而是像哈耶克所说的"自发扩展"的产物。这个自发扩展的动力来自于各种公共风险给人类群体的整体压力和威胁。各种组织、规则和制度及文化伦理,无一不是为防范和化解公共风险,以捍卫群体安全而历史地形成的。公共风险是那只人类群体后面的"老虎",成为公共化的历史动力,而公共化的结果(或目的)就是防范和化解公共风险,为个体的自由和何全面发展提供条件,表现为公共化的各种人类活动、规则、组织,包括国家(或政府)自身,都是化解公共风险的历史产物。在这个意义上,公共风险是因,而公共化过程则是果。

9.1.1.2　现代社会的公共化的特征

1. 公共化的主体是人类群体

公共化以人类群体为主体,即所有的"公共"范畴,都是针对人类群体而非个体表述的。所谓人类群体,并不是个体的简单堆砌。群体是由具有共同需要的个体组成的一个有机整体,在现代社会通常以"人民"这个集合概念来表达。从费尔巴哈到马克思,都意识到了人是以"类"的方式存在的,这个"类"就是群体的另一种表述。群体的进化与个体的进化尽管是同时并行的,但各有不同的进化机制。这就好比人的进化和人的细胞进化具有不同的进化机制一样。群体是公共化的逻辑起点,也是公共问题的思维路径,这是研究"公共问题"的逻辑源头,与从"个体"出发的社会化理论研究是根本不同的。

2. 公共化过程以公共风险为动力

人们因为一些共同事务联结起来,产生了"公共"范畴。这些"公共事务"本质上是公共风险。公共风险本身的演变与扩展,又进一步加深了人类群体的公共化程度。所谓"公共风险",即能够产生"群体(或社会)影响",又无法由社会个体承担的风险,它具有三个特征。(1)内在关联性。公共风险在发生过程中,对所有社会个体,如企业和家庭来说,是相互关联、相互影响的,因而具有"传染性"。(2)不可分割性。公共风险对每一个企业和家庭来说,是必然的,不可逃避的,遭受损害的概率是相同的。(3)隐蔽性。公共风险很难正面识别,往往累积到了快要爆发的程度才被发现、才引起重视。

汉娜·阿伦特曾经说过:"一切人类活动都要受到如下事实的制约:即人必须共同生活在一起",同时,"人们是在匮乏和需要的驱使下才共同生活在一起的"。这里的"匮乏和需要",就是早期人类群体所面临的公共风险。也就是说,只有公共风险,才会产生一种新的力量,即把分散的个体力量凝聚起来,卢梭所阐述的那种"社会契约"才会形成,公共意志和集体(群体)行动才会产生。当然,随着人类社会的生产力与生产关系的不断变迁,公共风险的内容也在不断变化,但是公共风险过去是、现在是、将来也是公共化过程的唯一动力。

3. 公共化过程以公共权力为依托

权力是指一种强制力量或支配力量,体现公共意志,因而是公共的。它来自于对天赋的个体权利保护的需要。因为各种各样的公共风险会侵害个体权利,但又凌驾于社会个体之上,因而权力是属于群体的,是人民的,而不为个体所拥有。一切政治的关系最终都归结为权力与权利的关系,即对公共权力的制衡和对个体权利的保护。权力的"公共性"可以归结为它的目的——防范与化解公共风险的任务,维护所有社会个体的公共利益。人类是个体与整体的统一,人类社会的存在,是无数个体结合成一个整体的过程。公共权力不是伴随着国家(或政府)的产生而产生的,它也不会随着国家(或政府)的最终消亡而消亡。只要有人类群体存在,公共权力就是永恒的,只是在不同的人类文明发展阶段有不同的表现形式。有乐队存在,就一定会有指挥。为了达到服务群体、应对公共风险的目的,利用公共权力是一个方便和科学的方法。只有使用公共权力,汇聚集体的力量,才能最大程度地节约风险应对的成本,减少对个体的可能危害。作为手段的公共权力来自于公共目的的要求。公共权力的主体,在原始社会还不能采取国家或政府的形式;随着剩余产品的出现与扩大,国家(或政府)开始出现并取代了原始公社的形式,并逐渐形成了接受公共委托、拥有公共权力、服务公共意志、防范与化解公共风险的公共部门。

4. 公共化过程以民主为形式

民主形式无非是权利本位的逻辑延伸,是公共权力对个体差异的包容和认可,也是对个体权利的尊崇。凡是出于公共目的的任何事情,社会个体都有参与或自由发表意见的权利。

从现代社会来看,民主是公共化的政治基础。从历史角度来看,民主是公共化的结果,是长期公共化的历史沉淀。对处于不同发展阶段的国家来说,在有些国家,民主已经成为公共化的政治基础;而在有些国家,民主政治还是一个追求的目标,还依赖于公共化的推进来实现。从根本上讲,公共化的过程就是一个民主的过程。因为公共目的的对象物——公共风险的防范和化解,依赖于个体智慧的群化、个体力量的群化和个体意志的群化,也就是平常所说的集中民智、调动群众的积极性并汇成一股劲儿。而这个过程是离不开民主这种形式的。民主是一种实践活动,既是公共风险推动的结果又是防范和化解公共风险在现代社会所必须采取的形式。只有公众广泛参与到公共决策与监督之中,并对之形成影响,公共化过程才可能健康有序,人类文明的进步,包括个体文明和群体文明的进步,才有坚实的政治基础。

与民主紧密相连的是公开与透明。这既是民主化的要求,又是防止公共权力异化而制造新的公共风险的制度保障。民主本身就蕴含着这样一种自然的要求,即凡是出现于公共场合、纳入公共视野的东西都能够为每个人所了解、看见和听见,具有最广泛的公开性。"事物……脱离其黑暗的、隐蔽的存在形态"是进入"公共领域"的前提条件。可见,公开透明是公共权力主体行使公共权力的前提,是保证政府合法行政的基本原则。在公开与透明的要求下,政府被要求只从事防范与化解公共风险的工作,剩下那些"无关的东西"自动地变成了"私人事务"。这样,政府的行为就受到了实时的约束,公共化的公共目的也就有了切实保证。

5. 公共化过程以公共理性为指引

人是理性的动物。与个体理性不同,公共理性是基于人类群体而言的,是指对公共风险状态的判断、推理、预期等理性活动,是形成公共意志的基础。公共理性既是人类长期应对公共风险过程中因"条件反射"进化而成的一种结果——集体思维,也是现代社会防范与化解新的公共风险的历史性前提。

公共理性体现的是个体的理性能力与道德能力的有机总和,是群体存在与发展的理性基础。公共理性的成熟,就像一个人的成长过程,需要经历不同的历史阶段。一般地,人类群体从公共风险恐惧到公共风险意识,再发展到公共风险理性,以至于最后形成一种公共风险文化,必须经历漫长的历史变迁,并与人类文明的进步而相伴随。虽说现代人类文明已经进入一个以物质文明为核心的高级阶段,但人类群体的公共理性还并未达到成熟的阶段。

9.1.1.3 政府对公共风险的应对依赖于制度创新

按《辞海》解,"制度"的第一含义便是指要求成员共同遵守的、按一定程序办事的规程。汉语中"制"是有节制、限制的意思,"度"有尺度、标准的意思。"制"与"度"这两个字结合起来,表明制度是节制人们行为的尺度标准。在一般意义上,我们所指的制度就是以某种明确的形式确定、由行为人所在组织进行监督和用强制力保证实施的行为规范。

纵观人类历史长河,我们不难发现,各种制度都是公共风险的产物。同时,组织、制度的变迁,又对防范与化解公共风险起到关键作用。对于人类社会在进化过程中形成组织、制度的原因,从公共风险的角度来看,不妨对家庭和国家(或政府)这两种处于社会最低和最高形式的组织加以考察。在这里,家庭成为人类本身进化过程中的一种风险防范机制;国家(或政府)的产生也是如此。恩格斯曾说:"国家是社会在一定发展阶段上的产物;国家是表示:这个社会陷入了不可解决的自我矛盾,分裂为不可调和的对立面而又无力摆脱这些对立面。而为了……不致在无谓的斗争中把自己和社会消灭,就需要一种表面上驾于社会之上的力量,这种力量应当缓和冲突,把冲突保持在'秩序'的范围之内;这种从社会中产生但又自居于社会之上并且日益同社会脱离的力量,就是国家。"可见,正是"组织内部矛盾和冲突"带来的公共风险导致了国家的产生。因此,从人类社会发展的历史过程来观察,组织、制度以及国家都是在进化过程中的一种自发的无意识结果——防范与化解公共风险的一种机制。

显性制度和隐性制度是制度的两种形态,前者使人类社会的演进保持着稳定性,后者使社会运行保持在某种可选择的秩序之中,以免社会陷于混乱而停滞不前。尽管正式制度与非正式制度有不同的变迁方式,但变迁的原动力都是公共风险,变迁的整个过程都是在公共风险推动下实现的。制度变迁的过程也就是防范与化解公共风险的过程。这既可以表现在宏观层次,如政府行为;也可以表现在微观层次,如企业行为等。

9.1.2　政府的双重主体特征及其内在关系

9.1.2.1　作为公共主体的政府

从上面的分析可以看出,政府首先是公共主体。从公共主体的身份出发,政府要做的就是承担公共风险、维护公共利益,要受公法的调节与约束。其公共主体身份体现在其作为公共服务提供者的角色中。作为公共服务的提供者,政府需要收集一定的资源,通常指税费;在进行公共服务时,政府需要支出一定的资源。政府开支的多少及范围要有所约束,法律和预算在此过程中发挥着至关重要的约束作用。作为公共主体,政府要承担的支出责任与义务,不仅包括法定的,而且包括法律所没有规定或认定但社会公众认定的支出责任和义务(即推定的)。如政府对农村合作基金会的破产清偿,就属于公众期望和社会压力所引致的支出责任和义务。

在现代社会,政府面临的最为普遍的一种公共风险就是财政风险,它是指政府决策层次的风险,即政府在决定要"干什么"的过程中所承担的风险。这是与既定制度框架下的政府职能及其政策目标紧密联系在一起的。如政府发行公债的风险,给企业融资提供担保的风险,金融机构不良资产在一定条件下转移到政府头上的风险等,诸如此类的风险都是与政府作为公共主体的职能及其具体政策目标有关。

9.1.2.2 作为经济主体的政府

政府也是经济主体,因为在市场经济环境下,只要发生经济活动,与其他主体进行交易,就应遵循市场规则,需要拥有自身的产权,承担相应的义务。作为经济主体,政府是由各个部门和各种非营利组织构成的,它们都应该是独立的法人,各有其相应的权利和责任,是公共产权的直接行使者。政府与企业、个人等经济主体在法律上处于平等的地位,拥有相应的权利与义务,它维护的是政府自身的公共产权。在经济分析中,时常把政府当作一个部门与企业部门、家庭部门平等并列起来,形成"三部门经济"模型或"四部门经济"模型(加上国外部门)。这时,政府的身份地位与企业是类似的,它有自己的人员、财产,也有自己的责任,要受私法的约束与调节。例如,政府与企业签订的合同就属于私法范畴;

当政府侵害了其他经济主体的权益时,同样要做出赔偿。

从这种主体身份出发,政府面临的财政风险与企业是类似的,如财产损失风险、人员伤害风险、赔偿责任风险和投资失败风险等。这些风险都可能导致未来财政资源的流出。上述各种风险在现实中都是反映在政府各个部门和各种非营利组织,但最终都是政府财政的风险。例如,若某个政府部门的办公大楼被火烧毁,风险损失应通过财政拨款来弥补;执法中的责任风险损失最终也应通过公共预算来解决,尽管其应承担的责任归属于该部门。毫无疑问,这类风险都构成财政风险的内容。应当指出,从经济主体身份出发所讨论的财政风险是指在既定的政府预算框架下执行预算过程中产生的风险,是属于"怎么做"这个操作层次的风险,与政府的政策目标无关。在这个层次上,政府只是承担法定的责任和义务。

9.1.2.3　两种主体身份的关系

政府的双重身份假定实际上是对政府的一种双重约束。政府是公共权力的拥有者和执行者,很容易侵害企业、个人等经济主体的权益。为了约束政府的这种行为,就必须给政府从法律上设定另一种身份,即在"怎么做"这个层次,把它降到与其他经济主体平等的地位,视为普通的经济主体和法律主体。同时,为了约束政府不作为,必须从法律上给政府另一种身份,也就是在"干什么"这个层次,让政府去承担社会其他经济主体所无法承担的风险——公共风险,以公共主体的身份起最后"兜底"的作用,从而实现经济发展、社会稳定。

从本质上看,政府首先是一种公共主体,其存在的意义在于解决公共风险。从历史和逻辑的角度来看,政府的经济主体身份是从公共主体身份派生出来的,或者说是市场经济及在此基础上的民主政治制度内生的一种结果。

第二节　我国政府主体权责混乱的原因分析

9.2.1　我国财政体制改革的顶层设计是向公共化迈进

从我国财政体制改革顶层设计的脉络来看,是一条由模糊到清晰地构建现代公共财政制度体系的道路。从1978—1993年主要着眼于为整体改革"铺路搭桥"、以"放权让利"为主调的改革,到走上制度创新之路、旨在建立新型财税体制及其运行机制的1994年的财税改革;从主要覆盖体制内的政府收支和以税制为代表的财政收入一翼,到体制内外政府收支并举、财政收支两翼联动;从以规范政府收支行为及其机制为主旨的"税费改革"以及财政支出管理制度的改革,到1998年作为一个整体的财税改革与发展目标的确立;从构建公共财政基本框架,到2003年进一步完善公共财政体制和公共财政体系,可以看出,中国的财税体制改革,事实上存在着一条一以贯之的主线。这条主线,说到底,就是由"非公共性"的财税运行格局及其体制机制不断向"公共性"的财税运行格局及其体制机制靠拢和逼近。中国的财税体制改革,事实上也有着一个一以贯之的基本取向。这个基本取向,就是构建并实行既与完善的社会主义市场经济体制相适应,又与财政的本质属性相贯通的公共财政制度体系。应该说,这也是一条政府主体角色回归的自觉过程,但是这条回归之路是艰难的,也许刚刚开始。

9.2.2　政府间权责混乱的原因分析

在全球经济变革的大背景下,财政风险呈现不断扩大的趋势,有某种必然性;从世界各国来观察,这也具有某种共性。就我国来看,财政风险是在国民经济市场化、工业化、金融化和城市化的过程中产生的,是这个过程的快速变化超出了制度变迁的速度所导致的一种结果。因此,要究其原因的话,财政风险的不断扩大是制度安排出现时滞造成的。换句话说,这是改革滞后于发展导致的。进一步分析,整个改革的滞后,成了一种风险传导机制,使社会经济生活中各个过程和各个环节的风险不断地积聚和集中,"百川汇成海",致使财政风险不断扩大。那么,这种风险传导机制是怎样形成的呢?

9.2.2.1　改革打破了"利益大锅饭",而"风险大锅饭"依然如故

改革是从物质刺激入手的,使社会形成了多元化的利益主体,使其各自有了明确的利益边界,并使原来你中有我、我中有你的"利益大锅饭"被彻底打破。这就是说,我国30年的改革,形成了一个有效的激励机制,各个不同层次的利益主体都有了强烈的利益动机。企业、个人、各级政府及其各个部门的利益日渐清晰,由此形成了一种以"逐利"为动力的竞争局面。但另一方面,风险责任的界定却是相当模糊,甚至根本就没有界定,仍在吃"风险大锅饭"。在国有企业、国有金融机构与国家的关系上,"盈了归己,亏了归国家"的局面并没有发生实质性的变化,政府承担着无限的责任和风险。在各级政府之间,下级政府的一切债务实质上都是上级政府的"或有债务",上级政府承担着替下级政府最后清偿债务的潜在义务,而分税制只是解决了一个利益的分配问题。在政府的各个部门之间,各个部门都有权力在预算决策范围之外进行各种"准财政"活动,却不承担由此产生的风险责任。在各届政府之间,本届政府可以通过大量融资来搞各种建设,只享受由此带来的各种好处,而风险却可以推给下一届政府。这种缺乏风险约束的激励,犹如脱缰的野马,随时可能把经济、社会之车带入沟壑,甚至深渊。改革的使命仅仅完成了一半——建成了激励机制,而另一半——构建风险约束机

制,还只是刚刚破题。打破"风险大锅饭"将是今后整个改革的重心。

9.2.2.2 "风险大锅饭"破坏了"利益与风险对称"的基本原则

利益与风险对称,是市场经济社会的基本原则。作为经济原则,每一个经济主体在追逐自身利益时,就必须承担相应的风险,而且是低利低风险,高利高风险。这既是规则,更是一种内在理念,约束着各个经济利益主体的行为方式。只有这样,市场竞争才会有序而富有效率。作为社会原则,它映射到社会的各个层面,政府也不例外。作为公共机构,政府自身及其各个组成部分,都有其自身的利益,同样,不论其以何种形式去追求利益(如政绩、权力、影响力、经济利益等),也应当承担相应的风险(法律追究、行政处罚、经济损失、名誉扫地等),而不论其动机是不是出于公共利益。也只有这样,政府之间的竞争、政府各个部门之间的竞争才能有序而富有效率,公共利益才不会沦为一个谁都可以打的"旗号"。但"风险大锅饭"打破了利益与风险对称这条基本原则,并形成了一种普遍的社会心理(如"不找市场找市长"),大家都只想得到利益,而不想承担任何风险。风险自担的理念在我国还只是一株幼苗,随时都可能夭折。

9.2.2.3 利益与风险不对称,致使风险不断积聚和集中

风险自担理念的缺乏,利益与风险的不对称,导致风险责任不明晰,使风险不断地向中央财政积聚和集中。国有企业、金融机构的风险,如亏损或破产,最后的债务清偿总是转移到各级政府身上;政府各部门的融资、担保,债务清偿的责任往往最后全部转移到政府财政部门;下级政府的财政风险,如工资拖欠、无力清偿债务,上级政府很难"见死不救";风险层层传递,最后中央兜底。本届政府面临的风险总是可以"金蝉脱壳",转移给下一届的政府。这种不以风险责任的界定为基础的风险转

移,导致风险快速积聚和集中,使财政风险悄无声息地急剧放大。缺乏风险分担的法律框架是当前经济体制和行政体制的根本缺陷,也是导致财政风险呈不断扩大趋势的深层原因。

第三节 政府主体权责界定的路径分析

9.3.1 从宏观角度分清各级政府的权(财权)与责(事权)

正确地体现政府职能和正确地处理中央与地方间、不同区域间的利益分配关系,建立起稳定的财权与事权统一协调的分级财政,从而使各级政府合理而有效地履行自身职责。符合上述要求的财政体制形式,是以分税制为基础的分级财政。所谓分税制,其真正的含义在于作为财政收入来源的各个税种,原则上要分别划定为国税或地方税,企业均按照法律规定,既向中央政府交纳国税,又向地方政府交纳地方税。在这一格局中,各级政府可以主要根据以本级税收为主的收入,相应安排其支出,相对独立地组织本级预算平衡,做到"一级政权,一级事权,一级财权,一级税基,一级预算"。同时,中央应保持必要的自上而下做转移支付的调控能力。分税制为基础的分级财政体制的关键内容和特点在于,一方面,它可以有效地淡化过去一向实行的各级政府对企业的"条块分割"式的行政隶属关系控制,企业将不再把税款只交给作为自己行政主管的特定一级政府(由地方政府与中央政府分成),而是分别地把不同的税交给不同的各级政府,从而有助于消除政府对"自己的企业"的过多干预和过多关照,促使各企业自主经营,充分地展开公平竞争;另一方面,它可以清晰地划开中央、地方间的财源和财政收入,稳定地规范各级政府间的财力分配关系,在发挥中央、地方"两个积极性"的基础上形成各级预算各行其道的真正的分级财政。为了更为具体地描述以分税制为基础的分级财政体制,列举这一体制的要点如下。

第一,不再按照企业的行政隶属关系,而是按照税种划分中央财政和地方财政各自的收入,企业不分大小,不论级别,依法向中央、地方政府分别纳税,自主经营、公平竞争。

第二,中央、地方政府通过财政对经济实行的分级调控管理,将主要运用税收、债券、贴息等经济手段和调整企业外部条件的措施。同时,全国有资产管理体系,按产权规范,以适当方式(如授权委托)管理、运营企业中的国有资产。

第三,在中央、地方间划分税种的同时,各级政府要调整和明确各自的事权,重新核定各级财政支出范围。与保证中央集中财力和实现全国性的经济调节关系密切的税种,应划为中央收入;有利于地方发挥征管优势,宜于由地方掌握的税种应划为地方收入。除中央政府要承担一些大型、长周期、跨地区的重点建设项目的投资外,大量的一般营利性项目,应交给企业和企业联合体去办,地方财政则基本上不再承担营利项目的直接投资任务,而把支出重点放在基础设施、公用事业等方面。

第四,中央财政承担调节各地区间差异的责任,主要方式是通过自上而下的转移支付实行对地方政府的财力补助。各地具体补助数额的确定方法,要改传统的基数法为比较客观、严密的因素计分法。

第五,在各种配套条件基本到位之后,应使地方政府具有从本地实际出发设立、开征某些地方税种的权力,因地制宜地为地区非营利设施建设和各项公共服务、事业发展提供必要的资金来源。

第六,以上述几方面为基础,中央财政与地方财政分离,形成相对独立自求平衡的中央预算和地方预算。中央预算中要掌握足够的转移支付资金。各级财政都要以法律形式强化其内部、外部的制度约束和责任约束。总之,以分税制为基础的分级财政体制,可以二位一体地处理好国家（政府）与企业、中央与地方两大基本经济关系，适应社会主义市场经济发展的内在要求，所以它是深化财政体制改革的大方向，应成为财政改革与中长期整体改革相配套的轴心。

9.3.2 从微观角度分清各政府单位的权（资产产权）与责（债务与净资产）

防范政府财政风险的根本途径在于加快改革的步伐，这既有经济体制的改革，又有行政体制的改革。通过制度创新来弥补现行体制的内在缺陷。在进一步完善激励机制的同时，要建立覆盖社会经济生活各个方面的风险责任约束机制，打破"风险大锅饭"，使社会每一个成员、每一个机构、每一级政府、每一个部门和单位都有明晰的风险责任，形成一种具有法律效力的风险分担机制。这样一来，社会经济生活中的各种风险就可以在相应的层次和相应的环节化解，抑制道德风险，减少风险的积聚和集中，从而达到控制财政风险的目的。

1. 清晰界定各级政府之间的风险责任

防止下级政府随意地向上级政府转移自身应当承担的财政风险。对于最低限度的不可避免的救助，应建立一种制度安排，让下级政府清楚地了解在什么样的情况下上级政府才会救助，强化各级政府规避风险的动机，提高其防范风险的努力程度。

2. 明确各个部门的风险责任

在优化政府各部门职责配置的基础上，重新审视政府部门之间的财政关系，明确各个部门的风险责任。对于融资、担保等财政经济行为应在统一的框架下实施，建立统一的规则，防止各个部门各行其是，偏离整体的目标。

在前面，我们给出了财政风险的定义，同时，对政府拥有的公共资源与政府应承担的公共支出责任和义务的不确定性做出了初步的分析，在此,我们进一步讨论财政风险的评估框架。按照前面的分析,要评估财政风险必须从两个方面入手。

3. 政府拥有的公共资源

这包括存量资源和流量资源两个部分。前者指拥有的各类资产,如我们通常所说的国有资产、国有资源、土地以及金融资产等;后者指可预期的各种收入来源,如税收、收费、资产收益、债务收入等。由于政府的流量资源规模与经济的总体规模及其变化密切相关,因此,在分析政府拥有的公共资源时,应置于经济总量及其变化的背景下,不能做孤立的考察。

除了拥有的资源以外,在特定情况下还应当考虑政府虽不拥有,但政府可支配的资源,最典型的是国有银行的资金。这类资源的动用会使政府的预算约束放宽,扩大政府政策的运用空间,但同时会产生财政机会主义,逃避预算约束,导致未来财政成本的扩大。例如,在实施积极财政政策过程中,大量的银行配套资金国债投资项目,实际上就是政府绕过预算动用可支配资源的一个实例。

4. 政府应承担的公共支出责任与义务

这可以借鉴"财政风险矩阵"来分析。从法律的角度来看,政府应承担的公共支出责任与义务包括两个部分。一是法律明确规定的,或政府行为引致的法律责任。凡进入预算决策范围的事项,实际上就是法律"明文"规定的政府应承当的支出责任和义务,如公务员的工资、基础教育拨款、基础科学研究支出等。同时,还有一些没有进入预算决策范围,却是由政府引致的事项,如各种类型的担保和保护伞。这些事项往往不在当期的预算报告中反映,但政府却是实实在在应当承担的连带法律责任。当担保失败时,替人偿债就是政府的法定义务,尽管这种义务是未来的。二是推定的责任和义务。这是指依据法理精神和政府作为公共主体的性质,而推定给政府的责任和义务。这些责任和义务是由公共风险转化而来,是社会其他法律主体无法承担的,最明显直观的是对自然灾害的救助。再如,当金融机构(即使是私人金融机构)面临破产时,从法律上讲是金融机构自己的事情,但事实上政府很难袖手旁观,因为这使社会面临着很大的公共风险。一旦金融机构真正破产,就会产生"多米诺骨牌效应",对整个经济和社会造成严重不良后果。尤其在国民经济日益金融化的时代,政府的这种推定责任和义务将会不断增多。此外,还有一些是与社会结构相关的推定责任和义务。

从确定性程度来分析,政府应当承担的公共支出责任与义务也包括两个部分。一是确定性的支出责任和义务。这种支出责任和义务不受其他任何事件的影响,在任何条件下都是需要政府出面来承担的。如公债的到期兑付、社会保障计划的实施、公共投资项目正常运转的维护成本等,不论法律是否做出明确的规定,都是政府的支出责任和义务,尽管在时间上有的是在当期履行,而有的是在未来履行。二是不确定(或有)的公共支出责任和义务。这类支出责任和义务要靠未来特定事件发生或不发生来证实,即可能发生,也可能不发生,因而是不确定的,但这种不确定性并非是一种人为的任意猜测,而是基于过去和现在已经发生的事实为基础的。如担保失败、金融机构破产之类事件发生的可能性是可以预期的,尽管准确的判断依赖于未来状况来证实,但至少可以得出这种可能性的大小,即事件发生与否的概率。当概率超过50%时,即可以认为这类事件发生的可能性很大,需要政府财政做好充分准备;而当概率低于或远远低于50%时,则表明这类事件发生的可能性很小,政府可以不予考虑。如何对此做出估算,现在还没有完备的方法和技术,但这并不等于无所作为,至少在预算决策时,就应充分考虑这种不确定的公共支出责任和义务。这对防范财政风险,或减少财政风险具有关键性的意义。

第四节　小　　结

　　政府存在的理论意义在于对群体生活的公共风险防范与应对的需要。政府的公共化是以公共风险为动力,以公共权力为依托,以民主为形式,以公共理性为指引。政府与企业相比,具有双重主体的特征。它既是公共主体,要承担公共风险、维护公共利益,要受公法的调节与约束;它也是在市场经济中活动的经济主体,其经济活动要遵循公平交易的原则进行。因此,政府在民主宪政的约束下接受公共财产权的委托,在预算监控下占有和使用公共财产,而在进行政府采购发行债务、举借银行贷款时则应遵循市场规制,接受市场的监督和制约。

　　由于脱胎于计划经济体制,经过30多年的改革,我国的分税制财政体制已初具制度架构,但由于政府间关系仍存在未能厘清的权责,政府主体的权责仍有混乱。究其原因,笔者认为是由于改革以来只解决了地方政府的经济利益驱动问题,却未能很好地解决风险的承担问题,从而导致地方政府无理性地举债行为。而这种"风险大锅饭"若不从制度上彻底打破,势必会无法控制财政风险而滑向财政危机的边缘,政府财务会计作为能够将政府主体的经济活动纳入核算范围,对其各种要素进行充分披露的基础性建构,被提上议事日程。

　　建立政府财务会计系统,面临的首要问题是确立政府会计主体,而确立政府会计主体的前提是清晰界定政府会计主体的权与责。因此,本书从宏观方面和微观方面各提出一些思路。在宏观方面,应该做到"一级政权,一级事权,一级财权,一级税基,一级预算",建构起权责对等的制度环境;在微观方面,应该打破"风险大锅饭",使社会每一个成员、每一个机构、每一级政府、每一个部门和单位都有明晰的风险责任,形成一种具有法律效力的风险分担机制。

参考文献

中文文献

贝洪俊,2004.新公共管理与政府会计改革[M].杭州:浙江大学出版社.

布坎南,2005.公共财政[M].北京:中国财政经济出版社.

财政部会计司,2002.美国政府及非营利组织会计讲座[M].北京:中国财政经济出版社.

财政部会计准则委员会,2005.绩效评价与政府会计[M].大连:大连出版社.

常丽,2007.论我国政府财务报告的改进[M].大连:东北财经大学出版社.

常丽,2011.政府会计资产负债要素的界定及披露问题研究[J].东北财经大学学报(1):55-56.

常丽,2008.政府财务报告主体的重整——基于财政透明度视角[J].财经问题研究(6):85-90.

常丽,2010.美、日政府资产负债信息披露全景图比较研究[J].财政研究(8):36-42.

曹远征,2011.重塑国家资产负债能力[J].IT时代周刊(8).

陈胜群,陈工孟,高宁,2002.政府会计基础比较研究——传统的收付实现制与崛起的权责发生制,孰优孰劣?[J].会计研究(5):34-40.

陈国辉,2007.会计理论研究[M].大连:东北财经大学出版社.

陈均平,2010.中国地方政府债务的确认、计量和报告[M].北京:中国财政经济出版社.

陈立齐,2009.美国政府会计准则研究[M].北京:中国财政经济出版社.

沈沛龙,樊欢,2012.基于可流动性资产负债表的我国政府债务风险研究[J].经济研究(2):93-106.

陈小悦,陈立齐,2001.政府预算与会计改革——中国与西方国家模式[M].北京:中信出版社.

陈小悦,陈璇,2005.政府会计目标及其相关问题的理论探讨[J].会计研究(11):61-66.

陈霖,2008.政府或有负债会计问题研究[D].长沙:湖南大学.

陈路路,2010.我国政府债务核算与披露问题研究[J].领算管理与会计(1):33-36.

陈颖源,1996.论产权关系和会计平衡公式(上)[J].财会月刊(4):3-5.

陈颖源,1996.论产权关系和会计平衡公式(下)[J].财会月刊(5):3-5.

陈志斌,2009.政府会计概念框架整体分析模型[J].会计研究(2):19-27.

陈志斌,2011.政府会计概念框架结构研究[J].会计研究(1):17-23.

丛树海,2005.财政松张风险与控制[M].北京:商务印书馆.

丛树海,郑春荣,2002.国家资产负债表:衡量财政状况的补充形式[J].财政研究(1):39-41.

丛树海,李生祥,2004.我国财政风险指数预警方法的研究[J].财贸经济(6):29-35.

大卫·李嘉图,1998.政治经济学及赋税原理[M].北京:商务印书馆.

大卫·海曼,2010.公共财政现代理论在政策中的应用[M].章彤,译校.北京:中国财政经济出版社.

樊丽明,黄春蕾,李齐云,等,2006.中国地方政府债务管理研究[M].北京:经济科学出版社.

葛家澍,林志军,2001.现代西方会计理论[M].厦门:厦门大学出版社.

葛家澍,2011.论财务会计概念框架中的报告主体概念[J].会计研究(6):3-7.

葛家澍,2009.试评IASB/FASB联合概念框架的某些改进——截至2008年10月16日的进展[J].会计研究(4):3-12.

葛家澍,2004.财务会计概念框架研究的比较与综评[J].会计研究(6):3-10.

葛家澍,杜兴强,2009.财务会计理论:演进、继承与可能的研究问题[J].会计研究(12):14-33.

葛家澍,张金若,2007.FASB与IASB联合趋同框架(初步意见)的评介[J].会计研究(2):3-11.

葛家澍,叶丰滢,陈秧秧,徐跃,2005.如何评价美国FASB的财务会计概念框架?[J].会计研究(4):82-88.

葛家澍,陈朝琳,2011.财务报告概念框架的新篇章——评美国FASB第8号概念公告[J].会计研究(3):3-10.

葛家澍,2006.财务会计理论研究[M].厦门:厦门大学出版社.

高培勇,温来成,2001.市场化进程中的中国财政运行机制[M].北京:中国人民大学出版社.

国家统计局,2007.中国统计年鉴[M].北京:中国统计出版社.

财政部会计司,2010.国际公共部门会计文告手册(2010)[M].北京:中国财政经济出版社.

郭道扬,2008.会计史研究[M].北京:中国财政经济出版社.

Hana Polackova Brixi,马骏,2003.财政风险管理:新理念与国际经验[M].北京:中国财政经济出版社.

郝东洋,2011.基于财政风险控制导向的政府会计改革研究[J].财会通讯(8):47-48.

何帆,1998. 为市场经济立宪[M]. 北京:今日中国出版社.

贺蒸莉,刘明慧,2011. 政府与非营利组织会计[M]. 大连:东北财经大学出版社.

胡志勇,2010. 论中国政府会计改革[M]. 北京:经济科学出版社.

贾璐,2012. 我国地方政府或有负债会计问题分析[J]. 会计之友(3):21-23.

景宏军,王蕴波,2012. 我国政府会计改革:理论探源与流程创新[M]. 哈尔滨:黑龙江大学出版社.

凯恩斯,2007. 就业、利息和货币通论[M]. 北京:商务印书馆.

寇铁军,张海星,2007. 地方政府债务风险的外部分析[J]. 东北财经大学学报(1):38-41.

李建发,肖华,2004. 公共财务管理与政府财务报告改革[J]. 会计研究(9).

李建发,2006. 政府财务报告研究[M]. 厦门:厦门大学出版社.

李建发,1999. 政府会计论[M]. 厦门:厦门大学出版社.

李建发,2011. 政府及非营利组织会计[M]. 大连:东北财经大学出版社.

李松森,2004. 国有资产管理[M]. 北京:中国财政经济出版社.

刘尚希,2003. 财政风险:一个分析框架[J]. 经济研究(5):23-31.

刘尚希,2004. 财政风险防范的路径与方法[J]. 财贸经济(12):29-34.

刘尚希,2004. 财政风险及其防范问题研究[M]. 北京:经济科学出版社.

刘锡良、刘晓辉,2010. 部门(国家)资产负债表与货币危机:文献综述[J]. 经济学家(9):96-103.

刘积斌,谢旭人,1998. 迈向新世纪的中国财政[M]. 北京:中国财政经济出版社.

刘仲藜,等,1998. 中国财税改革与发展[M]. 北京:中国财政经济出版.

刘谊,廖莹毅,2004. 权责发生制预算会计改革:OECD国家的经验及启示[J]. 会计研究(7):10-14.

刘光忠,2010.关于推进我国政府会计改革的若干建议[J].会计研究(12):11-16.

刘常青,2006.世界会计思想发展史[M].郑州:河南人民出版社.

刘均,2005.风险管理概论[M].北京:中国金融出版社.

刘珊珊,2011.地方政府债务融资及其风险管理:国际经验[M].北京:经济科学出版社.

楼继伟,张弘力,李萍,2002.政府预算与会计的未来——权责发生制改革纵论与探索[M].北京:中国财政经济出版社.

路军伟,2010.双轨制政府会计模式研究[M].厦门:厦门大学出版社.

路军伟,2010.我国政府会计改革取向定位与改革路径设计——基于多重理论视角[J].会计研究(8):62-68.

陆建桥,2004.关于加强我国政府会计理论研究的几个问题[J].会计研究(7):3-10.

罗伊·T.梅耶斯,2005.公共预算经典——面向绩效的新发展[M].上海:上海财经大学出版社.

马海涛,马静,2005.完善我国财政债务核算体系的思考[J].财政研究(5):4-6.

马恩涛,2010.中国经济转型中的政府或有负债研究[M].北京:经济科学出版社.

马恩涛,2009.政府或有负债控制及其风险防范研究[J].财政研究(7):16-19.

马恩涛,2006.政府担保与我国或有负债风险的防范[J].特区经济(7):281-282.

马金华,王俊,2011.地方政府债务问题研究的最新进展[J].中央财经大学学报(11):16-22.

马乃云,2008.借助会计核算理性分析政府或有负债[J].商业研究(12):

163-165.

马骏,2005.中国公共预算改革的目标选择:近期目标与远期目标[J].中
    央财经大学学报(10):1-6.

马骏,张晓蓉,李治国,2012.中国国家资产负债表研究[M].北京:社会
    科学文献出版社.

毛程连,2005.国有资产管理学[M].上海:复旦大学出版社.

迈克尔·查特菲尔德,1989.会计思想史[M].文硕,等,译.北京:中国商
    业出版社.

那俊英,2007.基于政府负债风险控制的中国政府会计改革研究[M].北
    京:中国财政经济出版社.

戚艳霞,张娟,赵建勇,2010.我国政府会计准则体系的构建——基于我
    国政府环境和国际经验借鉴的研究[J].会计研究(8):69-75.

潘俊,陈志斌,2011.政府财务信息披露理论框架构筑[J].上海立信会计
    学院学报(双月刊)(5):23-32.

R.J.弗里曼,C.D.肖尔德斯,2004.政府及非营利组织会计——理论与
    实践[M].赵建勇,等,译.上海:上海财经大学出版社.

萨尔瓦托雷·斯基亚沃—坎波,丹尼尔·托马西,2001.公共支出管理[M].
    北京:中国财政经济出版社.

沈沛龙,樊欢,2012.基于可流动性资产负债表的我国政府债务风险研
    究[J].经济研究(2):93-106.

石英华,2006.政府财务信息披露研究[M].北京:中国财政经济出版社.

孙开,彭建,2004.财政管理体制创新研究[M].北京:中国社会科学出
    版社.

孙开,2004.财政体制改革问题研究[M].北京:经济科学出版社.

孙开,2008.地方财政学[M].北京:经济科学出版社.

孙芳城,欧理平,马千真,2006.政府债务会计核算制度改革探索[J].财

政研究(4):37-39.

V. T. 阿雷莫夫,X. P. 塔拉索娃,2012. 风险评价与管理[M]. 邢涛,译. 北京:对外经济贸易大学出版社.

王晨明,2006. 政府会计环境与政府会计改革模式论[M]. 北京:经济科学出版社.

王惠平,姚志伟,方周文,刘微芳,2012. 政府会计相关问题研究[M]. 北京:中国财政经济出版社.

王瑶,2009. 公共债务会计问题研究[M]. 北京:经济管理出版社.

王银梅,2009. 权责发生制预算与会计改革问题研究[M]. 北京:中国社会科学出版社.

王雍君,2004. 政府预算会计问题研究[M]. 北京:经济科学出版社.

吴水澎,2008. 会计理论与方法研究[M]. 广州:暨南大学出版社.

吴莹,刘家君,2012. 政府负债会计处理与责任考核[J]. 会计之友(2):86-88.

武彦民,2004. 财政风险:评估与化解[M]. 北京:中国财政经济出版社.

项怀诚,马国川,2009. 改革是共和国财政六十年的主线[N]. 经济观察报.

项怀诚,1994. 中国财政体制改革[M]. 北京:中国财政经济出版社.

肖鹏,2010. 基于防范财政风险视角的中国政府会计改革探讨[J]. 会计研究(6):20-25.

亚当·斯密,2006. 国民财富的性质和原因的研究[M]. 北京:商务印书馆.

杨小军,方文辉,1999. 关于建立政府资产负债管理的几点思考[J]. 青海金融(10):28-31.

袁佩佳,2006. 资产负债管理框架下的地方财政可持续性分析[J]. 地方财政研究(3):26-30.

张春霖,2000. 如何评估我国政府债务的可持续性[J]. 经济研究(2):66-71.

张海星,2011. 公共债务[M]. 大连:东北财经大学出版社.

张海星,2007.政府或有债务问题研究[M].北京:中国社会科学出版社.

张琦,2011.政府会计改革:系统重构与路径设计[M].大连:东北财经大学出版社.

张琦,张娟,程晓佳,2011.我国政府预算会计系统的构建研究[J].会计研究(1):24-30.

张雪芬,2006.政府会计发展与对策[M].北京:中国时代经济出版社.

张月玲,2009.政府会计概念框架构建研究[M].北京:光明日报出版社.

赵建勇,1999.中外政府会计规范比较研究[M].上海:上海财经大学出版社.

赵西卜,2012.政府会计建设研究[M].北京:中国人民大学出版社.

中国会计学会,2010.政府会计理论与准则体系研究[M].大连:大连出版社.

周飞舟,2012.以利为利:财政关系与地方政府行为[M].上海:上海三联书店.

卓志,2006.风险管理理论研究[M].北京:中国金融出版社.

《中国地方债务管理研究》课题组,2011.公共财政研究报告:中国地方债务管理研究[M].北京:中国财政经济出版社.

外文文献

Barton A, 2005. Professional Accounting Standards and the Public Sector—a Mismatch[J]. ABACUS41(2):138-158.

Boisard G, 1982. Public Access to Government Information[J]. Government Publications Review(9):205-219.

Ellwood S,2002. The Financial Reporting Revoluton in the UK Public Sector[J]. Journal of Public Budgeting, Accounting & Financial Management(Winter)14(4):565-594.

Federal Accounting Standards Advisory Board, Statements of Federal Financial Accounting Concepts and Standards [S]. http://www.fasab.gov/pdffiles/2006_vol1.pdf.

Hofstede G, 1984. Cultural Dimensions in Management and Planning [J]. Asian and Pacific Journal of Management(1):81—99.

Hood C, 1995. The 'New Public Management' in the 1980s: variations on a theme[J]. Accounting, Organizations and Society20(2):93—109.

Giroux G., Jones R, Pendlebury M, 2002. Accounting and Auditing for Local Governments in The U.S. and The U.K.[J]. Journal of Public Budgeting, Accounting & Financial Management(Spring)14(1):1—26.

Goddard A, 2005. Accounting and NPM In UK Local Government—Contributions Towards Governance and Accountability[J]. Financial Accountability and Management21(2):191—218.

Gray S. J, 1988. Towards a Theory of Cultural Influence on the Development of Accounting Systems Internationally[J]. Abacus24(4):1—15.

Heald D, 2003. The Global Revolution in Government Accounting: Introduction to Theme Articles[J]. Public Money and Management(1):11—12.

Heald D, 2003. Fiscal Transparency: Concepts, Measurement and UK Practice [J]. Public Administration81(4):723—759.

Heald D, 2005. The Implementation of Resource Accounting in UK Central Government[J]. Financial Accountability and Management21(2):163—189.

Broadbent J, Laughlin R, 1997. Evaluating the 'New Public Management' Reforms in the UK: A Constitutional Possibility?[J]. Public Administration75 (Autumn):487—507.

Carlin T. M, 2005. Debating the Impact of Accrual Accounting and Reporting in The Public Sector[J]. Financial Accountability and Management21(3):

309—336.

Carnegie G. D, West B. P, 2003. How Well Does Accrual Accounting Fit the Public Sector?[J]. Australian Journal of Public Administration62(2):83—86.

Chan J.L, Government Accounting: An Assessment of Theory, Purposes and Standards[J]. Public Money and Management, 2003(1):13—20.

Chan J. L, Rubin M. A, 1987. The Role of Accounting in a Democracy and Government Operations[J]. Research in Governmental and Nonprofit Accounting(3/B):3—27.

Jones R, 1998. The Conceptual Framework of Resource Accounting[J]. Public Money and Management(4):11—16.

Jones R, 2000. Public Versus Private: The Empty Definitions of National Accounting[J]. Financial Accountability and Management16(2):167—178.

Jones R, Measuring and Reporting The Nation's Finances: Statistics and Accounting[J]. Public Money and Management(1):21—27.

Jones R, Pendlebury M, 2004. A Theory of the Published Accounts of Local Authorities[J]. Financial Accountability and Management20(3):305—325.

Lande E, 2000. Macro-accounting and Micro-accounting Relationships in France[J]. Financial Accountability and Management16(2):151—165.

Likierman A, 1990. Financial Reporting and Accountability[J]. Public Money and Management(Summer):5—6.

Likierman A, 1998. Resource Accounting and Budgeting: Where are We Now?[J]Public Money and Management(6):17—20.

Likierman A, Creasey P, 1985. Objectives and Entitlements to Rights in Government Financial Information[J]. Financial Accountability and Management(Summer):33—50.

Lye J, Perera, H Rahman Asheq, 2005. The Evolution of Accruals-based

Crown(Government)Financial Statements in New Zealand[J]. Accounting, Auditing & Accountability Journal18：784—815.

Marti C, 2006. Accrual Budgeting：Accounting Treatment of Key Public Sector Items and Implications for Fiscal Policy[J]. Public Budgeting & Finance (Summer)：45—65.

McCrae M, Aiken M, 2000. Accounting for Infrastructure Service Delivery by Government：Generational Issues[J]. Financial Accountability and Management16(3)：265—287.

后　记

　　这本书是2012—2015年我在中国人民大学公共管理学院做博士后期间的出站报告。下面的文字是报告的致谢部分，它记录了我博后三年的心路与感恩，此时翻看，依然温暖，权且把它作为本书《后记》吧。

　　面临出站，研究报告收尾在即，遗憾的是才找到要研究的问题和问题的根源，探索似乎才刚刚开始。可是同时自己也清楚地知道，哪怕再延期一年，也很难将这个"牵一发而动全身"的财政问题研究透彻。师父说：先出站吧，做学问是一辈子的事。

　　来人民大学做博士后之前，我一直学会计和审计，博士论文做的是审计师声誉问题。当我把我国审计市场的自我履约情况搞清楚，待要深入探寻如何促进审计师提升声誉时，却发现自己尚不具备这样的理论功底。我带着遗憾毕了业，几年间再也没有深入下去的契机。

　　可巧丈夫工作调至北京，为了一家团聚，我又有了读书的机会——做博士后。那时的想法是：抓住这最后的求学机会，学一门视野宏大的学科，打开自己的眼界。我感觉自己这些年如盲人摸象一般难以将研究深入和全面地展开，也许是因为专业所限。当初如此简单的想法，给我带来的却是一场人生道路上的深深思索。我原本想得到的是一杯水，命运却赋予我一眼活泉。博士后三年，让我涤尽了所有的浮华，调整了生命的坐标，懂得了以后努力的方向。回想起来，才知命运待我很厚：我遇到了现在的师父——张成福教授。

　　初识师父，只知道他以学问著称，却不知他对问题的见解透彻得能一眼望到底。师父工作非常忙,3年中和师父见面并不频繁。每一次我都带着困惑见师父,他总是能用寥寥数语把我从迷津里拽出来,引向宽阔的大道。记得第一次跟师父谈起困扰了自己若干年的想法,他一句话就点破了我的困境,他说:做学问要通。那时只隐约觉得他说得非常有道理,至于对什么是"通",怎么才能"通",我还没有清晰的概念。

入站时不知该做什么题目,师父给我定的是"政府绩效审计",还给我拟订了一个大致的研究框架,那个研究框架我至今还记得:从制度到机制,再到技术层面,层层收拢,由宏观至微观,有理论有实践,严谨得很。但是,我看了不少资料,始终没有迸发出思想的火花,不知该从哪儿着手。后来,我想多听一些相关的课,或许就能产生灵感。

于是,我就去听师父的课——公共组织理论。几乎每节课都是一个学科和公共组织理论的交叉。因为对这个学科的了解等于空白,所以我每次都只是埋头记笔记。可是有一天他在黑板上写完字,转身低头看讲义时,不经意地说了一句话:"你现在读书要是还有专业的概念,那就说明还没有读通啊。"这句话其实是对教室里所有学生说的,但我却如闻惊雷,顿时明白了原来自己一直在井底打转转,是因为未能跨出专业的门槛。此后,我听院里诸位教授的课,听其他学院老师的课,听各种的讲座、报告,慢慢感受到很多学者都是站在书山之巅。"功夫在诗外。"我决定沿着政府审计上溯,到政府会计、政府预算,再到财政,把这些相关学科全部捋一遍,也许就知道自己该从哪儿着手了。

可是后来我似乎又走得太远了,以致迷失了回来的路。这期间,我看了不少书,甚至看了历史和社会学的图书,逐渐对财政体制在世界现代化过程中的发展历程有些着迷。当我野心勃勃地要做这个课题时,师父再次给我指出:"做学问不能发散,而是一个聚焦的过程。原来的题目如果是个行星,你现在要研究的就是整个宇宙。做不出来啊!"

于是,我收拢思绪又开始思索,在财政这个大学科下,我可以做什么。恰逢财政部积极推行政府财务会计和综合财务报告改革,这要求政府会计实现权责发生制的核算方式。综观西方国家的现代财政制度,无不拥有权利与责任界定分明的政府会计主体。我发现我国当前的政府单位无论是在经济上,还是在法律上,都难说是一个独立的主体,而这应该是作为权责发生制会计的基本条件。要建立现代财政制度,政府会计主体的权责如何清晰界定,恐怕是绕不开的问题。于是,我的研究就从这儿开始了。与开始阶段不同的是,我的心中已经有了一个大的脉络,思想可以连缀成篇了。

3年时间里,我在寻找研究题目的同时,也在思考着自己来时的路有哪些偏差,接下来应该怎么走。夫子说:四十不惑。可是我的四十岁,却是从充满困惑开始的。3年后的今天,我想我收获的不只是一份研究报告,还有对人生长路的思索,我知道今后还会再有困惑、茫然、挫折和困难,但读书和思索将会伴我一生了。

博士后期间,能够聆听公管院诸多教授的课是一大幸事。如张康之教授、许光建教授、崔军教授、刘太刚教授、康晓光教授、魏娜教授、孙柏瑛教授等,我从他们的课中获益良多。我对刘太刚教授格外感谢,因为在听课之余,我参加了刘教授师门的读书会,不仅得到刘教授很多的建议和指导,更从刘教授身上体会到了一位人文学者的情怀与对学问的敬畏。记忆非常深刻的是,当他谈到自己的“传宗人理性”理论时,他说作为公共管理学的研究者,发现公共管理没有“心”。在长期的探索过程中,他发现了“传宗人理性”这一理论,希望能为公共管理“立心”。他对自己能够“发现”这一理论而感到幸运和幸福。一位人文学者对只属于自己的理论用“发现”这个词来表达,令我肃然起敬。

博士后期间,我还结识了一帮同门的和不同门的师兄弟、师姐妹,如欧纯智博士、边晓慧博士、马子博博士、吴俣丹博士、高泽华博士、王连伟博士、龚志文博士、王猛博士、董雪雁博士、吴峥嵘硕士等,更有一帮博士后期间的同学,如刘继萍博士后、张冰博士后、崔金丽博士后、奉莹博士后、张扬博士后、邵洪波博士后、吴锦宇博士后等。同窗三年,情义深重。

因为遇见了这样的师父,这样的老师,这样的同窗,更有给了我莫大支持与理解的丈夫与女儿的甘苦与共,让我3年的时光,如此美好。

在中国人民大学做博士后期间,我一直得到河北农业大学商学院所有的领导、同事、师友们无私的关心、支持、帮助与鼓励。我的硕士导师王淑珍教授,视学生如儿女,她的嘱咐和叮咛伴我走过每一步。多年来一起走过风雨历程的师长,如王建忠教授、尉京红教授、赵慧峰教授、宋金杰教授、赵邦宏教授等,无一不是在我的人生道路上给予莫大帮助的人,所有这些都成为支撑我坚持下去的内心力量。有师长若此,何其幸运和幸福,深深感恩……

张存彦

2018年7月15日